Dagmar Trüpschuch

Frauen in Berlin

Ein Reisebuch

Dagmar Trüpschuch

Frauen in Berlin
Ein Reisebuch

AvivA

Vorwort

Seit 1996 organisiere ich Reisen nach Berlin. Immer wieder bekomme ich Anfragen von Touristinnen, die wissen wollen, was die Stadt für Frauen zu bieten hat. Das brachte mich auf die Idee, einen Reiseführer über die Berliner Frauenszene zu schreiben. Es ist ein Buch über Frauen. Es ist ein Buch für alle, die Interesse daran haben, die weibliche Seite der Stadt zu entdecken und sich auf die Spuren von bekannten und berühmten Berlinerinnen von damals und heute zu begeben. Die Wege führen zu ihren Wohnungen, Arbeitsplätzen und ihren Gräbern, vorbei an Kunstwerken im Straßenbild oder in Museen. Berlin als Filmstadt findet hier genauso seinen Platz wie das Berlin der Musikerinnen, Schriftstellerinnen, Künstlerinnen und Modedesignerinnen. Die Entdeckungsreise beginnt schon vor dem 20. Jahrhundert und führt die Leserinnen bis in das Berlin von heute. Die Dichterin Mascha Kaléko ist mit Berlin ebenso verbunden wie die Schauspielerin und Sängerin Hildegard Knef oder die Tänzerin und Choreografin Sasha Waltz.
Seit den 70er-Jahren eroberten sich Frauen vermehrt Wohn- und Arbeitsräume in Berlin. Noch heute bieten diese erkämpften Freiräume Platz für alternative Lebensformen. In diesem Buch finden Sie auch Informationen über das lesbische Berlin und Adressen, wo sich lesbische Frauen treffen.
Die Hauptstadt Berlin ist einem stetigen Wandel unterworfen, der sich vor allem auch in der Kultur- und Gastronomieszene widerspiegelt. Damit dieser Reiseführer für Sie immer aktuell bleibt, wird er von einer Homepage begleitet, auf der Sie kostenlos Aktualisierungen abrufen können. Hier erfahren Sie, was aktuell von oder für Frauen geboten wird und es erwarten Sie unter anderem Restaurantempfehlungen, Clubnächte, Theater- und Konzerttipps. Bitte besuchen Sie die Webseite www.frauen-reisebuch.de.
Ich wünsche Ihnen viel Spaß beim Lesen und vor allem einen spannenden Aufenthalt in Berlin.

Dagmar Trüpschuch

Notizen für »Frauen machen Geschichte«

Frauen machen Geschichte

Die »Berliner Illustrirte Zeitung« wirbt mit dem Konterfei von Marlene Dietrich in der Leberstraße

»Ich hab noch einen Koffer in Berlin«, sang Marlene Dietrich 1954. Die in Berlin Geborene, die Anfang der 30er-Jahre nach Amerika auswanderte, ließ die Sehnsucht nach ihrer Geburtsstadt nie ganz los. Neun Jahre später, 1963, besang Hildegard Knef, die 1925 im Alter von einem Jahr nach Berlin gezogen war, mit demselben Stück ebenfalls ihre Berliner Wurzeln. Wer in dieser Stadt lebt, ist BerlinerIn, selbst wenn Akzent und Dialekt anderes verraten. Viele berühmte Berliner Frauen waren Zugezogene, sogenannte Wahl-Berlinerinnen.
So kam Ende des 19. Jahrhunderts die in Polen geborene Rosa Luxemburg ebenso in die Spreestadt wie die Wuppertaler Schriftstellerin Else Lasker-Schüler und die Bildhauerin Käthe Kollwitz aus Königsberg (heute Kaliningrad). Noch heute sind in vielen gesellschaftlichen Runden die »echten« BerlinerInnen eine viel bejubelte Ausnahme. Erkennen sich zwei als solche, wird zuweilen berlinert, was das Zeug hält. Hier bleiben die Zugereisten außen vor. Die wenigsten von ihnen beherrschen den Berliner Dialekt so perfekt wie einst Claire Waldoff. 1907 kam die damals 23-Jährige von Gelsenkirchen nach Berlin und nahm erste Rollen im Figaro-Theater am Kurfürstendamm an. Schon bald spezialisierte sie sich auf Schlager und Chansons im Berliner Jargon. Von ihr soll der berlinerische Ausdruck »knorke« kommen, was ins Hochdeutsche übersetzt so viel bedeutet wie fein und tadellos.
Während Claire Waldoff vor dem Ersten Weltkrieg auf der Bühne unter anderem verbotene antimilitärische Lieder sang, kämpften auf der politischen Ebene Rosa Luxemburg und Clara Zetkin für Frieden, Frauenrechte und die Revolution der Arbeiterklasse.
Nach Kriegsende folgte mit der Novemberrevolution im Jahre 1918 die Weimarer Republik und mit ihr die sogenannten Goldenen 20er-Jahre (1924–1929). Die Frauen trugen damals gewagte, kniefreie Kleider und rauchten erstmals in der Öffentlichkeit. KünstlerInnen, SchauspielerInnen und solche, die es werden wollten, trafen sich zum Gedankenaustausch und Knüpfen von Beziehungen in den Cafés rund um den Kurfürstendamm. Ein beliebter Treffpunkt für die Malerin Jeanne Mammen, die Künstlerin Renée Sintenis sowie für die Tänzerinnen Anita Berber und Valeska Gert war das Romanische Café, dort wo heute das Europa-Center ist. Auch Else Lasker-Schüler,

die Königin der Kaffeehäuser, war hier zu Gast. »Ich bin nur zwei Abende nicht im Café gewesen«, schrieb sie 1910. »Ich fühle mich etwas unwohl am Herzen.« Vor ihrer Zeit im Romanischen war sie Stammgast im Café des Westens, auch Café Größenwahn genannt, weil sich hier alles traf, was noch zu Ruhm und Ehren kommen wollte. Später hatte hier das Café Kranzler sein Zuhause, das seinen Gästen heute nur noch in der oberen Etage des Hauses einen schönen Blick über den umtriebigen Ku'damm bietet. Andere Frauen trafen sich donnerstags im Salon der Betty Stern in der Schöneberger Barbarossastraße. Es galt als »hohe Ehre«, in ihren Salon aufgenommen zu werden, schrieb Lotte Eisner, Deutschlands erste weibliche Filmkritikerin.
Der Nationalsozialismus machte Schluss mit lustig und viele berühmte Berlinerinnen jüdischer Herkunft emigrierten oder wurden, wenn sie in der Heimatstadt blieben, deportiert und starben im KZ, wie die Schriftstellerinnen Else Ury und Gertrud Kolmar. Marlene Dietrich wanderte 1930 in die USA aus und fiel durch ihr Engagement im Kampf gegen den Hitlerfaschismus bei den Deutschen in Ungnade. Anders erging es der 1902 in Berlin geborenen Schauspielerin und Regisseurin Leni Riefenstahl, die für das Hitlerregime in enger Verbundenheit mit Hitler propagandaträchtige Filme über den Nationalsozialismus drehte. Regimekritische KünstlerInnen jedoch belegten die Nazis mit einem Auftrittsverbot. Die 1910 in Berlin-Neukölln geborene Schauspielerin Inge Meysel durfte ihren Beruf zwölf Jahre lang nicht ausüben. Sie verließ daraufhin die Stadt, ging zuerst nach Danzig und später nach Hamburg.
Die, die in der Stadt blieben, waren den Schikanen der Nazis ausgesetzt, kämpften in Luftschutzkellern ums Überleben, wie beispielsweise Hildegard Knef, deren Wohnung in der Bernhardstraße in Friedenau zwei Mal ausgebombt wurde und die als Soldat verkleidet die letzten Tage des Krieges im Volkssturm erlebte.
Nachdem die Siegermächte Berlin unter sich aufgeteilt hatten, trieb die Stadt in Ost und West ihre eigenen Blüten. Im Osten leitete Helene Weigel das Berliner Ensemble, Nina Hagen wurde mit ihrem Hit »Du hast den Farbfilm vergessen« berühmt, und später trat Tamara Danz, die Sängerin der Rockgruppe Silly, in die Fußstapfen der extrovertierten Nina, die 1976 in den Westen emigrierte. Im Westteil brillierte Hildegard Knef auf der Bühne als Chansonsängerin, die autonome Frauenbewegung nahm ihren Anfang, und in den 80er-Jahren spielten sich die Schwestern Inga und Annette Humpe auf der neuen

deutschen Welle reitend mit der Band Neonbabies an die Spitze der Charts.
Am 16. März 1989 wurde Walter Momper (SPD) Regierender Bürgermeister von Westberlin. In seiner rot-grünen Koalition gehörten zum ersten Mal in Deutschland einer Landesregierung mehr Frauen als Männer an. Zeitgleich engagierte sich im Ostteil der Stadt die Politikerin Regine Hildebrandt in der Demokratiebewegung und trat im Oktober 1989 der Sozialdemokratischen Partei der DDR bei. Bei den ersten freien Wahlen im Osten wurde sie Arbeits- und Sozialministerin. Nach der Wiedervereinigung wurde sie in den Bundesvorstand der SPD gewählt. 2001 erlag die Mutter Courage des Ostens, wie Regine Hildebrandt genannt wurde, einer Krebskrankheit. Mompers Koalition konnte sich nicht lange halten und mit der CDU-Regierung zog wieder eine Männerriege in den Senat ein.
1993 wurde die englische Modeschöpferin und damalige »queen of punk«, Vivienne Westwood, Gastprofessorin für den Studiengang Bekleidungsdesign an der Berliner Hochschule der Künste, heute Universität der Künste. 1998 kehrte Nina Hagen kurzzeitig von Los Angeles nach Berlin zurück, um zum 100. Geburtstag von Bertolt Brecht zusammen mit der Berliner Schauspielerin und Chansonsängerin Meret Becker im Berliner Ensemble einen Punk-Brecht-Abend zu geben. So könnte es in einem Fluss fortgehen, doch blättern Sie bitte weiter, denn auf den folgenden Seiten erfahren Sie, wie und wo die berühmten Frauen Berlins im 20. Jahrhundert lebten.

Rosa Luxemburg (1871–1919)

Rosa Luxemburg

»Berlin macht auf mich allgemein den widrigsten Eindruck: kalt, geschmacklos, massiv – die richtige Kaserne; und die lieben Preußen mit ihrer Arroganz, als hätte jeder von ihnen den Stock verschluckt, mit dem man ihn einst geprügelt.« Es war nicht Liebe auf den ersten Blick, die Rosa Luxemburg 1898 dazu veranlasste, Paris den Rücken zu kehren und Berlin zu ihrer neuen Wahlheimat zu machen. Politische Motive zogen die 1871 im polnischen Zamość geborene Sozialistin nach Deutschland. Hier agierte die SPD, die Ende des 19. Jahrhunderts eine revolutionäre, innerhalb der Sozialistischen Internationale angesehene Arbeiterpartei war. Und die Aussicht, die renommierte SPD-Presse »Vorwärts« und »Neue Zeit« als Plattform für ihre journalistischen und theoretischen Arbeiten nutzen zu können, war letztendlich entscheidend für den Ortswechsel. Eine Scheinehe mit Gustav Lübeck, die 1903 wieder geschieden wurde, verschaffte ihr die deutsche Staatsbürgerschaft. Gleich zu Beginn ihrer Parteizugehörigkeit zeigte sich Rosa Luxemburg von ihrer kämpferischen Seite: Sie trat gegen den revisionistischen Flügel an, der die SPD in eine demokratische Reformpartei umkrempeln wollte. Rosa Luxemburg jedoch forderte die Revolution, die Eroberung der politischen Macht durch das Proletariat. Ihr Kampfgeist ging einigen Genossen gehörig gegen den Strich: Eine Frau, zudem noch Polin und Jüdin, wagte es, zu widersprechen und eigene Ideen zu entwickeln.

Unterstützt von ParteigenossInnen, unter anderem der Frauenrechtlerin Clara Zetkin und dem Antimilitaristen Karl Liebknecht, kämpfte Rosa Luxemburg weiter für die Ideale der Sozialdemokratie, gegen Militarismus und für den Frieden.

Von 1907 bis 1914 lehrte Rosa Luxemburg als einzige Dozentin Wirtschaftsgeschichte und Nationalökonomie an der von August Bebel ge-

gründeten SPD-Parteischule im Hinterhof eines Fabrikgebäudes in der Kreuzberger Lindenstraße 3.
Im Frühjahr 1914 wurde Rosa Luxemburg wegen ihrer Antikriegsreden das erste Mal zu einer Haftstrafe verurteilt, die sie im Frauengefängnis Berlin-Barnimstraße absaß. Hier verfasste sie zwei ihrer bedeutendsten Arbeiten, »Antikritik« und die als Junius-Broschüre bekannt gewordene Schrift »Die Krise der Sozialdemokratie«, die sich gegen den Ersten Weltkrieg wandte. Dank der Hilfe ihrer Sekretärin und Freundin, Mathilde Jacob, konnten die Manuskripte aus dem Gefängnis geschmuggelt und veröffentlicht werden. Wieder in Freiheit gründete Rosa Luxemburg Ende 1915 gemeinsam mit Karl Liebknecht aus Protest gegen die Kriegsbeteiligung der SPD die Gruppe Internationale, aus der später der Spartakusbund hervorging. Am 10. Juli 1916 wurde Rosa Luxemburg erneut verhaftet. Auch während der folgenden zweieinhalb Jahre im Polizeigefängnis Berlin-Alexanderplatz, im Frauengefängnis Berlin-Barnimstraße, in der Festung Wronke bei Posen sowie im Gefängnis Breslau stellte sie ihre politischen Aktivitäten nicht ein.
Nach ihrer Entlassung am 9. November 1918 engagierte sie sich für die Novemberrevolution und gab gemeinsam mit Karl Liebknecht die Zeitschrift des Spartakusbundes »Rote Fahne« heraus. Im Januar 1919 gehörte Rosa Luxemburg zu den GründerInnen der Kommunistischen Partei Deutschlands (KPD).
Im selben Monat mussten Rosa Luxemburg und Karl Liebknecht untertauchen. Als WortführerInnen des Spartakusbundes machte man sie für die öffentlichen Unruhen während der November- und Januaraufstände verantwortlich. Am 15. Januar verhafteten Offiziere und Soldaten konterrevolutionärer Reichswehreinheiten die Flüchtigen in der Mannheimer Straße 48 in Wilmersdorf und brachten sie ins Hotel Eden, wo die Garde-Kavallerie-Schützendivision ihr Hauptquartier aufgeschlagen hatte.
Nach kurzem Verhör und Misshandlungen wurden die Gefangenen auf Anweisung des Reichswehrministers und SPD-Mitglieds Gustav Noske getrennt abtransportiert. Karl Liebknecht wurde auf dem Transport hinterrücks erschossen, ebenso Rosa Luxemburg. Ihre Mörder warfen den Leichnam in den Landwehrkanal. Erst Monate später, am 1. Juni 1919, wurde er in Höhe der Freiarchenbrücke an Land gespült. Am 13. Juni wurde Rosa Luxemburg auf dem Friedhof Berlin-Friedrichsfelde neben Karl Liebknecht beigesetzt beerdigt – so dachte man zumindest bisher. 2009 kamen Zweifel auf, ob die aus dem Was-

ser geborgene tote Frau Rosa Luxemburg war. Es wird vermutet, dass es sich um den Leichnam einer unbekannten Frau handelte, der auf Anordnung des Reichswehrministers Gustav Noske als Rosa Luxemburg ausgegeben und begraben wurde. Jedenfalls war der Trauerzug eine machtvolle Kundgebung. Noch heute ziehen jedes Jahr am zweiten Sonntag im Januar Tausende Menschen mit roten Nelken, dem Symbol der Arbeiterbewegung, zum Städtischen Zentralfriedhof und legen die Blumen an den Gräbern der SozialistInnen nieder.

Zentralfriedhof: Rote Nelken für die SozialistInnen

Wohnorte

Ihre erste Wohnung hatte Rosa Luxemburg in der Cuxhavener Straße 2 im Bezirk Tiergarten. 1889 wechselte sie nach Friedenau in die Wielandstraße 28. Hier lebte sie in einem Zimmer im 2. Stock mit Blick zur Straße. 1902 zog sie einige Häuser weiter in die Cranachstraße 58 in eine im dritten Stock gelegene Wohnung mit Straßenblick. Hier erinnert eine Gedenktafel an die berühmte Mieterin. Da der Hausbesitzer sich gegen die Anbringung der Tafel am Haus wehrte, fand sie ihren Platz in einer vorgelagerten Baumrabatte. 1911 verlegte Rosa Luxemburg ihren Wohnort nach Steglitz in die Lindenstraße 2, heute Biberacher Weg, wo sie bis zu ihrer Ermordung lebte.

Gedenktafel, Cranachstraße 58, 12157 Tempelhof-Schöneberg, S-Bhf. Friedenau

Steintafel im Gehweg vor dem Haus Mannheimer Straße 27

Gedenkstele

An die Haftzeit von Rosa Luxemburg im Frauengefängnis Barnimstraße erinnert die Gedenkstele des Bildhauers Günter Junge aus dem Jahr 1977. Zwischen 1933 und 1945 waren in der Justizvollzugsanstalt zudem mehr als 300 Frauen nach Unrechtsurteilen der NS-Justiz inhaftiert, bevor sie im Gefängnis Plötzensee (heute Gedenkstätte, Hüttigpfad, Charlottenburg) ermordet wurden. Es waren Frauen, die wegen ihres politischen und gesellschaftlichen Engagements und ihrer individuellen Lebensweise kriminalisiert wurden. Zu ihnen gehörten die Widerstandskämpferinnen Lilo Herrmann und Hilde Coppi. Das Land Berlin will das ehemalige Frauengefängnis zu einem Gedenkort machen und hat nun für die Gestaltung einen Kunstwettbewerb ausgerufen hat. Bis zur Umsetzung dieses Konzepts wird neben der Rosa-Luxemburg-Stele eine kleine Ausstellung zur Geschichte des Frauengefängnisses gezeigt. Die Haftanstalt wurde 1974 gesprengt. Heute befindet sich hier ein Jugendverkehrsgarten.
Weinstraße 1–2, 10249 Friedrichshain, Bus 200, Haltestelle: Am Friedrichshain

Bronzeplastik und Reliefs

Die Bronzeplastik Rosa Luxemburg des Bildhauers Rolf Bibl steht seit 1996 vor dem Haus der Bundesstiftung Rosa Luxemburg. Wie im Leben stehen ihr auch hier Karl Liebknecht und Mathilde Jacob zur Seite. Die Keramikreliefs der Weggefährten wurden 1996 von der Künstlerin Ingeborg Hunzinger geschaffen. Mathilde Jacob, viele Jahre lang Sekretärin und Freundin Rosa Luxemburgs, war Jüdin und wurde 1943 im KZ Theresienstadt von den Nazis ermordet.
Franz-Mehring-Platz 1, 10243 Friedrichshain, U-Bhf. Weberwiese

Granitstein im Gehweg der Mannheimer Straße

In der Mannheimer Straße 48 (heute 27) wurden Rosa Luxemburg und Karl Liebknecht im Januar 1919 verhaftet. Der Gedenkstein trägt die Inschrift »Letzter Zufluchtsort der deutschen Revolutionäre Rosa Luxemburg und Karl Liebknecht vor ihrer Ermordung durch marodierende Reichswehrtruppen am 15.1.1919«.
Mannheimer Straße 27, 10713 Wilmersdorf, U-Bhf. Blissestraße

Von der dicken Berta zur roten Rosa

Die Plastik »Von der dicken Berta zur roten Rosa« ist ein Geschenk des israelischen Bildhauers Igael Tumarkin und markiert seit 1989 den Verschleppungsweg von der Mannheimer Straße zum Hotel Eden. Als dicke Berta wird ein Geschütz aus dem Ersten Weltkrieg bezeichnet, das dort zum ersten Mal eingesetzt wurde.

Mittelstreifen Bundesallee / Spichernstraße / Hohenzollerndamm, 10717 Wilmersdorf, U-Bhf. Spichernstraße

Die Plastik »Von der dicken Berta zur roten Rosa«

Hotel Eden

Hier wurden Rosa Luxemburg und Karl Liebknecht 1919 vor ihrer Ermordung verhört. Im Zweiten Weltkrieg wurde das Hotel durch Bomben zerstört. Das vom Architekten Klaus Heese 1964 bis 1966 erbaute 13-geschossige Eden-Hochhaus steht heute am Olof-Palme-Platz und erinnert an das damalige Hotel.

Budapester Straße 35, 10787 Tiergarten, Bus 100, Haltestelle: Breitscheidplatz

Stele am Landwehrkanal

Seit 1987 erinnert eine Stele an die Ermordung Rosa Luxemburgs am Landwehrkanal in Höhe Lichtensteinbrücke. Die BildhauerInnen Ursulina Schüler-Witte und Ralf Schüler entwarfen das Mahnmal in Form einer Rutsche. Am Nordufer des Neuen Sees wurde das Denkmal für Karl Liebknecht errichtet.

Seit Jahren kämpft die Berliner Geschichtswerkstatt für die Umbenennung der Lichtensteinbrücke in Rosa-Luxemburg-Brücke, denn hier warfen Freikorpssoldaten 1919 die Leiche in den Landwehrkanal. Bis heute stellt sich der Senat quer und verweist auf den inflationären Gebrauch des Namens Luxemburg. So bleibt die Brücke weiterhin nach dem Zoogründer Martin Hinrich Carl Lichtenstein benannt. Jeweils am zweiten Sonntag im Januar versammeln sich hier Menschen zum Gedenken an Rosa Luxemburg.

Katharina-Heinroth-Ufer am Landwehrkanal, Höhe Lichtensteinbrücke, 10787 Tiergarten, Bus 200, Haltestelle: Corneliusbrücke

Untere Freiarchenbrücke

An der Unterschleuse am Landwehrkanal, eine kurze Wegstrecke entfernt von der Lichtensteinbrücke, wurde am 1. Juni 1919 ein Leichnam geborgen, den man bis 2009 für Rosa Luxemburg hielt.

Untere Freiarchenbrücke, Gartenufer, 10787 Tiergarten, U-/S-Bhf. Zoologischer Garten

Denkzeichen am Rosa-Luxemburg-Platz

1969 wurde der Platz, in dessen unmittelbarer Nähe sich von 1926 bis 1933 die Zentrale der KPD befand, in Rosa-Luxemburg-Platz umbenannt. Seit 2006 erinnern Zitate der Politikerin Rosa Luxemburg, die in Bronze gegossen in den Straßenbelag eingelassen wurden, an die Sozialistin. Das Denkzeichen wurde von dem in New York lebenden Künstler Hans Haacke geschaffen. Sechzig Zitate aus politischen Reden, Briefen an FreundInnen, Artikeln und Schriften durchqueren die Bürgersteige und Fahrbahnen der Rosa-Luxemburg-Straße, der Weydinger Straße bis hin zur Linienstraße.

Rosa-Luxemburg-Platz, 10178 Mitte, U-Bhf. Rosa-Luxemburg-Platz

Ausstellung »Rosa Luxemburg – ein Leben für die sozialistische Idee«

Maxi Besold, Vorstandsmitglied des Vereins »Archiv der Münchner Arbeiterbewegung«, hat die Ausstellung in den 1990er-Jahren erarbeitet und privat finanziert. 2002 entstand daraus in Zusammenarbeit mit der Rosa-Luxemburg-Stiftung eine transportable Wanderausstellung mit 36 A0-Tafeln, die die Texte der Autorin Maxi Besold mit historischen Fotos, Zitaten aus Briefen und Werken Rosa Luxemburgs sowie Dokumenten der internationalen Arbeiterbewegung zeigen.

Franz-Mehring-Platz 1, 4. Stock, 10243 Friedrichshain, U-Bhf. Weberwiese, www.rosalux.de

Tausende pilgern jedes Jahr im Januar zum Denkmal der Sozialisten

Grab

Am 13. Juni 1919 wurde Rosa Luxemburg neben Karl Liebknecht auf dem Friedhof Friedrichsfelde beigesetzt. Die Gräber wurden 1935 von den Nazis zerstört und eingeebnet. Seit 1951 befindet sich an diesem Platz die Gedenkstätte der Sozialisten, die nach einer Ideenskizze Wilhelm Piecks, Mitbegründer der SED und ehemaliger Präsident der DDR, entstand. Im zentralen Rondell, umgeben von einer Mauer, ist ein Grabstein aus Porphyr mit der Aufschrift »Die Toten mahnen uns« zu sehen. Die Gräber Rosa Luxemburgs, Karl Liebknechts, Wilhelm Piecks und weiterer SozialistInnen sind sternförmig um den Grabstein angeordnet. In den Mauergräbern ruhen andere namhafte WeggefährtInnen. Jeden zweiten Sonntag im Januar pilgern Tausende von Menschen zu dieser Gedenkstätte. Inzwischen wird bezweifelt, ob Rosa Luxemburg jemals an diesem Ort beigesetzt wurde. Es wird vermutet, dass ihre Leiche die Gerichtsmedizin der Charité niemals verlassen hat.

Zentralfriedhof Friedrichsfelde, Eingang Gudrunstraße, 10365 Lichtenberg, U-/S-Bhf. Lichtenberg

Familie Schragenheim bei einem Bootsausflug Ende der zwanziger Jahre.

Felice Schragenheim

Felice Schragenheim wollte Journalistin und Schriftstellerin werden und ebenso berühmt wie ihr Onkel, der Schriftsteller Lion Feuchtwanger. Ihre Gedichte verfasste sie im Stil der deutsch-polnischen Dichterin Mascha Kaléko. Sie zeugen von den Gedanken und Gefühlen einer jüdischen Frau in Deutschland während des Nationalsozialismus: »Das Wort ›verboten‹ wird uns groß geschrieben, und was uns heute wirklich noch geblieben, sind gelbe Bänke und die Angst vor morgen. Kein Baden, Tanzen, Kinovorstellung, und weder Schmuck noch Gleichberechtigung dürfen wir haben, höchstens unsere Sorgen ...«. Felice Schragenheim war eine von rund 170.000 Jüdinnen und Juden, die vor der Machtübernahme der Nationalsozialisten in Berlin lebten. Ihre Geschichte wurde 1994 durch die Veröffentlichung des Buches »Aimée und Jaguar« von Erica Fischer bekannt. Das Buch basiert auf Erinnerungen von Lilly Wust, der Geliebten von Felice Schragenheim. Felice Schragenheim kam 1922 im Jüdischen Krankenhaus in Berlin zur Welt. Schon früh musste sie erste Schicksalsschläge ertragen. Ihre Mutter starb bei einem Autounfall und hinterließ zwei Töchter und ihren Ehemann, der zwei Jahre später wieder heiratete. 1935 starb der Vater, die Schwester emigrierte 1939 nach London, die Stiefmutter wanderte 1940 nach Palästina aus. Felice Schragenheim versuchte vergeblich, in die USA, nach Australien oder Palästina zu emigrieren. 1941 war ihr Ausreisevisum abgelaufen und wurde nicht verlängert. Knapp ein Jahr später wurden ihre Großmutter und ihr Großonkel nach Theresienstadt deportiert. Zur selben Zeit erhielt auch sie einen Deportationsbescheid.

Jetzt gab es keinen legalen Weg mehr, Deutschland zu verlassen. Felice Schragenheim täuschte einen Selbstmordversuch vor, trennte den Judenstern von ihrer Kleidung ab und lebte fortan im Untergrund als sogenanntes U-Boot. In Berlin waren ungefähr 5.000 Jüdinnen und Juden untergetaucht. Ihr Alltag war bestimmt von klugen Überlebensstrategien, der Gunst nichtjüdischer Menschen, dem häufigen Wechsel von Verstecken, der Beschaffung von Lebensmitteln und der permanenten Angst vor Verrat. Auch Felice Schragenheim wechselte häufig ihren Aufenthaltsort. Als ihr der letzte Unterschlupf zu riskant wurde, mussten neue Optionen her, um das Leben im Untergrund zu sichern.

In dieser Zeit, Anfang 1943, suchte sie die Bekanntschaft mit Lilly Wust, Frau eines Nazis, Mutter von vier Kindern und Trägerin des Mutterkreuzes in Bronze. Die unkonventionelle Jüdin und die biedere Hausfrau verliebten sich ineinander. Nach den Erzählungen von Lilly Wust war es eine große Liebe. Lilly Wusts Ehemann war an der Front und Felice Schragenheim zog zu ihrer Geliebten nach Wilmersdorf in die Friedrichshaller Straße. Knapp ein Jahr lang dauerte die Liebesgeschichte zwischen der Jüdin und der Nazisse, wie die Nazi-Frauen allgemein genannt wurden. Felice Schragenheim war in dieser Zeit weiterhin im Untergrund aktiv und arbeitete als Journalistin unter falschem Namen bei der NSDAP-Zeitung »Völkischer Beobachter«, deren Berliner Redaktionsbüro in der Kreuzberger Zimmerstraße 88 war.

Am 21. August 1944 kamen die beiden Frauen von einem gemeinsamen Ausflug an den Wannsee zurück. In ihrer Wohnung wartete bereits die Gestapo. Sie verhafteten Felice Schragenheim und verschleppten sie in das Sammellager Schulstraße, das im Jüdischen Krankenhaus eingerichtet war. Der Ort, an dem sie das Licht der Welt erblickte, wurde so zu einer ihrer letzten Lebensstationen.

Vom Bahnhof Grunewald aus wurde sie knapp zwei Monate später nach Theresienstadt deportiert und einen Monat später nach Auschwitz. Gemeinsam mit Tausenden anderer Frauen trieb man Felice Schragenheim in einem einwöchigen Fußmarsch bei winterlichen Minusgraden nach Groß-Rosen und von dort aus in das Frauenlager Kurzbach. Hier verlieren sich ihre Spuren. Am 14. Februar 1948 erklärte sie das Amtsgericht Berlin-Charlottenburg für tot. Ihr Todesdatum wurde auf den 31. Dezember 1944 festgelegt.

Tagebuchaufzeichnung von Lilly Wust. Fotos Felice Schragenheim (l.) mit Lilly Wust

AUF DEN SPUREN …

Geburtsort und Sammellager

1922 wurde Felice Schragenheim im 1914 gegründeten Jüdischen Krankenhaus geboren. Während des Nationalsozialismus wurden auf dem Klinikgelände Gestapostellen und eine Polizeistation errichtet. Zudem wurde das Krankenhaus als Sammel- und Zwischenstation für die Transporte von Juden und Jüdinnen in die Lager nach Osteuropa missbraucht. Von hier aus wurde Felice Schragenheim nach Theresienstadt deportiert.

Jüdisches Krankenhaus Berlin, Heinz-Galinski-Straße 1, 13347 Wedding, U-Bhf. Osloer Straße

Wohnung und Stolperstein

Lilly Wust wohnte mit Mann und Kindern in der Friedrichshaller Straße 23. Als sie sich in Felice Schragenheim verliebte, trennte sie sich von ihrem Mann und teilte die Wohnung fortan mit der Geliebten. Ein Stolperstein, eine in den Boden eingelassene Messingplatte, erinnert an die Verhaftung und Deportation von Felice Schragenheim aus dieser Wohnung. Die Stolpersteine sind ein Projekt des Künstlers Gunter Demnig. Mit diesen Mahnmalen soll an das Schicksal der Menschen erinnert werden, die von den Nationalsozialisten deportiert und ermordet wurden. In Berlin erinnern mehr als 1.700 Stolpersteine an die Deportation jüdischer MitbürgerInnen.

Friedrichshaller Straße 23, 14199 Wilmersdorf, Bus M 29, Roseneck

Nachlass im Jüdischen Museum

Das Jüdische Museum verwaltet den Nachlass von Lilly Wust mit Fotos, Tagebuchaufzeichnungen und einzelnen Dokumenten aus dem Leben von Felice Schragenheim. Die Objekte sind in zwei Vitrinen im Raum Widerstand im 1. Obergeschoss ausgestellt.

Jüdisches Museum Lindenstraße 9–14, 10969 Kreuzberg, U-Bhf. Hallesches Tor, www.jmberlin.de

Holocaust Gedenktafel Grunewald

Vom Bahnhof Grunewald aus wurden zwischen 1941 und 1944 rund 50.000 Menschen in den Tod gefahren. Bis April 1942 verließen die Züge den Bahnhof hauptsächlich in die osteuropäischen Ghettos Lodz, Riga und Warschau, danach ausschließlich in das Vernichtungslager Auschwitz und das KZ Theresienstadt. Das erste Mahnmal, das an die dunkle Vergangenheit des Bahnhofes Grunewald erinnert, wurde am 18. Oktober 1987, dem 46. Jahrestag des ersten Transportes, von einer Frauengruppe der evangelischen Gemeinde Grunewald errichtet. Auf zwei Eisenbahnschwellen stand senkrecht eine dritte mit der Inschrift »18.10.41«. Eine Messingplatte mit der Beschriftung »Wir erinnern/18. Okt. 41/8. Okt. 87« vervollständigte das Bild. Nachdem die Initiatorinnen das Mahnmal altersbedingt nicht mehr pflegen konnten, wuchs es zu und die Messingplatte wurde entwendet. 2005 wurde es wieder hergerichtet, jedoch mit quer liegender anstatt senkrechter Eisenbahnschwelle. Auf einer neu montierten Messingplatte steht: »Im Gedenken an die Menschen, die von diesem Bahnhof deportiert wurden. 18. Okt. 1941 – 18. Okt. 1987«. Das Denkmal liegt in der Baumrabatte gegenüber dem Haupteingang vom S-Bhf. Grunewald.

Gleis 17 am Bahnhof Grunewald

Gleis 17

Das zentrale Mahnmal der Deutschen Bahn AG, das an die Deportationen jüdischer Bürger mit der Reichsbahn während des Nationalsozialismus erinnert, wurde am 27. Januar 1998 enthüllt. Ausgewählt wurde ein Entwurf des Architektenteams Nicolaus Hirsch, Wolfgang Lorch und Andrea Wandel. An beiden Seiten des Gleises 17, von dem die meisten Deportationszüge abfuhren, wurden Stahlplatten verlegt. An diesen so entstandenen Bahnsteigkanten sind in chronologischer Folge alle Fahrten von Berlin mit Anzahl der Deportierten und dem Zielort dokumentiert.
An der Rampe zum Güterbahnhof wurde am 18. Oktober 1991 auf Initiative des Bezirks Wilmersdorf ein von dem polnischen Künstler Karol Broniatowski geschaffenes Mahnmal enthüllt. Es besteht aus einer Betonmauer mit Negativabdrücken menschlicher Körper und einer Bronzetafel, die an Tausende von Juden und Jüdinnen erinnert, die von dem Güterbahnhof aus in die Konzentrationslager deportiert wurden. Auf den ersten Blick wirkt das Mahnmal wie eine zerklüftete Felswand, erst bei genauerem Betrachten erkennt man die gebeugten Figuren auf ihrem Todesmarsch.

S-Bhf. Grunewald

Auf dem Weg zum Gleis 17

> Holocaust-Mahnmal, S. 128

Marlene Dietrich und Hildegard Knef begrüßen sich 1960 auf dem Flughafen Tempelhof

Marlene Dietrich und Hildegard Knef

In der eher schmucklosen Leberstraße in Schöneberg erinnert auf den ersten Blick nichts an seine berühmten Bewohnerinnen, die Anfang des 20. Jahrhunderts hier lebten. Nur wenn man die Straße mit hoch gereckter Nase entlangspaziert, entdeckt man unter dem Dachgiebel des Hauses Nummer 17 ein Bildnis von Marlene Dietrich. Einige Hausnummern weiter, in der Leberstraße 65, erinnern zwei an der Hausfassade angebrachte Gedenktafeln an die Diva, die 1901 in dem Haus der damaligen Sedanstraße 53 geboren wurde. Damals befand sich im Parterre das Polizeirevier 4, in dem Marlenes Vater arbeitete. 25 Jahre später, 1926, zog Hildegard Knef, gerade mal ein Jahr alt, gemeinsam mit ihrer Mutter von Ulm nach Berlin. Sie bezogen eine Zweizimmerwohnung im dritten Stock des Hauses der Sedanstraße, heute Leberstraße 68.

Damit begann, was sich in der Beziehung zwischen Marlene Dietrich und Hildegard Knef fortsetzen sollte – dass überall, wo die Knef hinkam, die Dietrich schon war. Als Hildegard Knef in die Sedanstraße zog, lebte Marlene schon lange nicht mehr dort. Nach mehreren Umzügen innerhalb Berlins wohnte sie mit ihrem Mann Rudolf Sieber und ihrer Tochter Maria in der Kaiserallee 54.

Marlene Dietrich, eine echte Berliner Pflanze, hat Berlin 1930 verlassen. Sie folgte dem Ruf Hollywoods und kam nur noch zu Stippvisiten in ihre Heimatstadt. Die Wahlberlinerin Hildegard Knef hingegen, die 1948 ebenfalls wegen eines Filmangebots nach Hollywood ging, kehrte immer wieder an die Spree zurück. Nach mehr als hundert Umzügen wählte sie Berlin als Alterswohnsitz. Die Frau, die sich selbst als Atlantikbewohnerin bezeichnete, sagte: »Ich fühlte mich an keinem Ort zu Hause. Außer in Berlin vielleicht.« Auch Marlene Dietrich hat nie das Gefühl zu ihrer Geburtsstadt verloren. Nicht von ungefähr heißen ihre 1987 veröffentlichten Memoiren »Ich bin, Gott sei Dank, Berlinerin«.

Marlene Dietrich wusste schon in frühen Jahren, dass sie Filmschauspielerin werden wollte. Ihr großer Schwarm war die Stummfilmschauspielerin Henny Porten, die in Schöneberg in der Matthäistraße 15 am Matthäikirchplatz lebte. Das Haus ist heute nicht mehr erhalten. Stundenlang stand Marlene vor dem Haus der Angebeteten, überreichte ihr kunstfertig gemalte Postkarten und brachte ihr zum Geburtstag ein Ständchen auf der Geige. Freitags besuchte sie die Premieren der Filme mit Henny Porten im Mozartsaal am Nollendorfplatz. Einige Jahre später feierten ihre eigenen Filme in diesem Saal Premiere.

Während ihrer Kindheit spielte Marlene Dietrich Geige. Sie wollte Musikerin werden. Als sie sich eine Sehnenscheidenentzündung zuzog und nicht mehr spielen konnte, entschied sie sich, ihrem Vorbild Henny Porten nachzueifern und ebenfalls Schauspielerin zu werden. Hildegard Knef hatte kein einschneidendes Erlebnis in ihrer Kindheit und Jugend, das sie zur Schauspielerei getrieben hätte. Mit acht Jahren begann sie zu zeichnen und strebte nach der Mittleren Reife eine Ausbildung als Trickfilmzeichnerin in den Ufa-Filmstudios am Dönhoffplatz in der Stadtmitte an. Der Platz mit seinen Gebäuden wurde während des Zweiten Weltkrieges komplett zerstört. Heute erhebt sich hier ein 24-stöckiger DDR-Plattenbau.

Bald schon langweilte sich Hildegard Knef in ihrer Ausbildung. Kurzerhand bewarb sie sich 1943 als Schülerin bei der Schauspiellehrerin Else Bongers. »Ich habe Talent«, waren die Worte der Ehrgeizigen. Sie überzeugte und konnte ihre Ausbildung beginnen. Fortan führte sie ein Leben im Spagat: Tagsüber absolvierte sie bei dem Schauspieler Karl Meixner ihre Ausbildung, nachts saß sie im Luftschutzkeller des Hauses Bernhardstraße 5 und lernte ihre Texte. 1943 wurde das Haus zweimal von Bomben getroffen. Daraufhin zog sie mit ihrem Stiefvater in die Bernhardstraße 6. Nachdem auch diese Wohnung von Bomben zerstört worden war, kam sie bei Freunden am Teltower Damm 5 in Zehlendorf unter. Die waren politisch linker Gesinnung, doch ihr Einfluss bewahrte Hildegard Knef nicht davor, sich in einen Nazi zu verlieben. Ewald von Demandowsky war Produktionschef der Tobis und enger Vertrauter von Reichspropagandaminister Goebbels. Die Liaison mit einem hohen Tier bei einer Filmproduktionsgesellschaft verhalf Hildegard Knef jedoch nicht zum ersehnten Karrieresprung. Ganz im Gegenteil: Die Parteizugehörigkeit ihres Geliebten tauchte auch die Knef in ein braunes Licht. Sie musste nach dem Krieg Termine zur Entnazifizierung wahrnehmen, ihre Karriere geriet ins Stocken.

Ihr Bühnendebüt gab die Knef im Juni 1944 in den Kammerspielen des Deutschen Theaters. In dem Lustspiel »Der kleine Herr Niemand« hatte sie nur einen Satz zu sagen: »Hände hoch«. Ebenfalls in einer sehr kleinen Rolle feierte 22 Jahre zuvor Marlene Dietrich ihre Premiere im Deutschen Theater. In »Die Büchse der Pandora« spielte sie im dritten Akt eine schweigende Beobachterin.

Marlene Dietrich

Am 16. April 1945 begann die Rote Armee die Schlacht um Berlin. Rund zwei Millionen Menschen lebten noch in der Stadt, davon waren zwei Drittel Frauen und Kinder. Die letzten zwei Wochen des Endkampfes verbrachten sie in U-Bahn-Schächten und Luftschutzkellern. Ewald von Demandowsky musste zum Volkssturm einrücken. Hildegard Knef, die wusste, dass viele Frauen von Soldaten vergewaltigt wurden, wollte nicht allein zurückbleiben. Als Soldat verkleidet, schloss sie sich dem Volkssturm an. In deutscher Uniform kämpfende Frauen waren bei Kriegsende keine Einzelfälle mehr. Hildegard Knef erzählt in ihrer Autobiografie »Der geschenkte Gaul«, dass sie in der Nähe vom S-Bahnhof Schmargendorf, dem heutigen Heidelberger Platz, stationiert war. Sie geriet in russische Gefangenschaft, befreite sich und war unter den ersten RückkehrerInnen, die nach Kriegsende in Berlin ankamen.

Hildegard Knef

Während Hildegard Knef die Kriegsjahre in Berlin verbrachte und in die Uniform der deutschen Soldaten schlüpfte, agierte Marlene Dietrich in amerikanischer Uniform gegen das Hitlerregime.
Sie verließ Berlin bereits 1930, um ein Filmangebot in Hollywood anzunehmen. Unmittelbar nach der Premiere ihres Films »Der blaue Engel« von Joseph von Sternberg im Gloria-Palast reiste sie ab. Am Bahnhof Lehrter Straße nahm sie den Zug nach Bremerhaven, um sich von dort aus nach New York einzuschiffen. 1939 nahm Marlene Dietrich die amerikanische Staatsbürgerschaft an und kam nur noch aus beruflichen Gründen zurück in ihre Heimatstadt. 1943 fuhr sie das erste Mal zur Betreuung amerikanischer Truppen nach Nordafrika,

Italien und Frankreich. Zwei Jahre später, im September 1945, war sie für einige Tage in Berlin, um für die amerikanischen Soldaten zu singen und ihre Mutter zu besuchen.
Einige Monate zuvor war Hildegard Knef aus der Kriegsgefangenschaft zurückkehrt. Gemeinsam mit anderen KünstlerInnen hatte sie eine Unterkunft in der Villa des Schauspielers Victor de Kowa im Wacholderweg 7b in Westend gefunden. Gemeinsam machte sich die Schauspielerriege daran, aus einem zerstörten Kammerspieltheater am Charlottenburger Knie (Ernst-Reuter-Platz) ein neues Theater aufzubauen, die Tribüne. Hildegard Knef unterschied sich mit Flickenkleid und Kopftuch nicht von den Tausenden anderer Trümmerfrauen, die die Stadt von Schutt und Asche befreiten. Am 1. Juni 1945 hob sich in der Tribüne erstmals der Vorhang. Auf dem Programm stand ein von Hildegard Knef moderiertes Sketch- und Chansonprogramm. Von da an ging's bergauf mit der Knef'schen Karriere. Es folgten Film- und Theaterrollen. Für ihre Schauspielleistung in »Film ohne Titel« aus dem Jahr 1948 erhielt sie gleich mehrere Filmpreise. Am 23.1.1948 feierte der Film im Marmorhaus am Kurfürstendamm seine Premiere – und wie schon Marlene Dietrich 18 Jahre zuvor, verließ auch Hildegard Knef nach der Uraufführung Berlin, um nach Hollywood zu gehen.
In den USA kreuzten sich die Wege von Marlene Dietrich und Hildegard Knef. Sie trafen sich auf einer Cocktailparty, verstanden sich hervorragend und blieben fortan Freundinnen. Hildegard Knef heiratete den Amerikaner Klaus Hirsch, den sie schon in Berlin kennengelernt hatte. Am 14.4.1950 wurde Hildegard Knef amerikanische Staatsbürgerin.
Mit ihrer Filmkarriere sollte es in Hollywood nicht vorangehen. Zum einen wurde ihr das Liebesverhältnis mit einem Nazi zum Verhängnis. Zum anderen taten sich die Amerikaner schwer damit, eine geeignete Filmrolle für Hildegard Knef zu finden, die nicht dem glatten Frauentyp der 50er-Jahre entsprach. Erst 1954 feierte sie als Hildegarde Neff mit dem Bühnenstück »Silk Stockings« ihren Durchbruch am Broadway. Das Musical war ihr größter Erfolg in den USA. Zum größten Skandal weltweit entwickelte sich der Film »Die Sünderin« aus dem Jahr 1950, in dem Hildegard Knef eine Prostituierte spielt, in einer kurzen Nacktszene zu sehen ist und am Ende des Films in den Freitod geht. Gerade die Deutschen, die jahrzehntelang über Judenverfolgung und Konzentrationslager hinweggesehen hatten, holten die lang versteckte Moralkeule heraus und verurteilen sie für ihre

Rolle. Bei späteren Besuchen in ihrer Heimatstadt wurde sie von vielen BerlinerInnen öffentlich geächtet, einige verließen das Lokal, sobald Hildegard Knef es betrat. Anfang der 50er-Jahre hatten die Deutschen also zwei verstoßene Diven. Marlene Dietrich konnten sie nicht verzeihen, dass sie zu Kriegszeiten auf der Seite der Amerikaner gestanden hatte, Hildegard Knef warfen sie ihren Imagewandel von der Trümmerfrau zur Sünderin vor.
Während Hildegard Knef 1953 in Deutschland noch mit den Nachwirkungen der »Sünderin« zu kämpfen hatte, startete die mittlerweile 52-jährige Marlene Dietrich in Las Vegas eine zweite Karriere als Chansonsängerin. 1960 kam sie zu ihrem ersten Konzert nach Berlin und wurde am Flughafen Tempelhof herzlich von Hildegard Knef empfangen. Das Konzert fand an drei aufeinander folgenden Tagen im Titania-Palast statt. Trotz der für die BerlinerInnen fast unerschwinglichen Eintrittspreise zwischen 10 und 100 DM war der erste der drei Konzertabende ausverkauft. Während die Zuschauer im Titania-Palast applaudierten, demonstrierten auf der Straße Marlene-Gegner. Sie trugen Schilder, auf denen »Marlene-go-home« stand. Vielen BerlinerInnen war sie immer noch nicht willkommen.
Mit Hildegard Knef hingegen hatten sich die BerlinerInnen ausgesöhnt. Doch die Glückssträhne der Knef war vorbei. Sie spielte in schlechten Filmen, wurde von Kurt Hirsch geschieden und kam 1957 vorläufig nach Berlin zurück. Sie nahm sich eine Wohnung in Dahlem, in der Finkenstraße 11. Bei einem Dreh in London im Jahr 1959 lernte sie den britischen Schauspieler David Cameron kennen, der noch im selben Jahr zu ihr nach Berlin zog. 1961, einen Tag nach dem Bau der Berliner Mauer, zogen Hildegard Knef und David Cameron an den Starnberger See.
1963 startete auch Hildegard Knef ihre zweite Karriere als Chansonsängerin. Während Marlene Dietrich als entrückter Star auftrat, verkörperte Hildegard Knef auf der Bühne die lebenserfahrene, bodenständige Frau. Während ihrer Spielzeiten in Berlin stieg sie in den 70er-Jahren gern und oft im Hotel Kempinski ab. Sie buchte die Präsidentensuite vom »Kempi«, eine geräumige Penthauswohnung. »Eigentlich hätte das Hotel den Namen Knefpinski tragen müssen«, soll der Schauspieler Curd Jürgens einmal gesagt haben. Im Kempinski ging auch der Scheidungskrieg zwischen Cameron und Knef über die Bühne des Lebens – Streitobjekt war das Sorgerecht für die 1971 geborene Tochter Christina. Die Hotelhalle war mit Reportern belagert, die Suite der Knef von Bodyguards geschützt.

Nach der Trennung von David Cameron lebte Hildegard Knef wieder einige Zeit in Berlin. Eine Wohnung fand sie in der Clausewitzstraße 4. In einem Telefonat mit Hildegard Knef äußerte sich Marlene Dietrich entsetzt über diese Wahl, denn die Gegend war seit den 20er-Jahren als Rotlichtviertel bekannt. In der Nummer 4 wurde noch in den 60er-Jahren ein Edelbordell betrieben. Während des Umzugs ins »Rotlichtmilieu« lernte Hildegard Knef Paul von Schell kennen, den sie im Juni 1977 auf dem Standesamt Charlottenburg heiratete.
1979 lebte Hildegard Knef mit Mann, Kind und zwei Hunden in Grunewald in der Bettinastraße 12. Sie unternahm lange Spaziergänge durch den Grunewald und lernte dabei ihre Liedtexte auswendig. 1981 zog es sie zurück in die USA, nach Los Angeles. Hier schrieb sie ihr letztes Buch, eine Biografie über Romy Schneider. Das Multitalent Hildegard Knef war nicht nur Schauspielerin und Sängerin, sondern auch Autorin und Malerin. Bereits 1970 erschien ihr Bestseller »Der geschenkte Gaul«. In Los Angeles fand sie auch wieder Zeit für die Malerei. Es entstand die Serie »Los Angeles – Eindrücke zwischen Armut und Reichtum« mit 40 Gemälden, die Hildegard Knef 1988 in Berlin im Hotel Berlin am Lützowplatz ausstellte.
Marlene Dietrich hatte sich zu diesem Zeitpunkt schon aus der Öffentlichkeit zurückgezogen. Nach Berlin war sie nicht mehr zurückgekehrt. Doch mit der Stadt blieb sie stets verbunden. Billy Wilder sagte über die Freundin: »Berlin und Marlene sind eins.« Kurz vor ihrem Tod im Jahr 1992 äußerte die Dietrich den Wunsch, in Berlin begraben zu werden. Marlene Dietrich starb am 6. Mai 1992 in Paris. Am 16. Mai wurde sie auf dem Künstlerfriedhof in Berlin-Friedenau beigesetzt.
Im selben Jahr gelang Hildegard Knef zusammen mit der Band Extrabreit ein Comeback mit ihrem 1968er-Hit »Für mich soll's rote Rosen regnen«. 1995 zog sie wieder zurück nach Berlin, dieses Mal in die Brahmsstraße 12 in Grunewald. Hier feierte sie ihren 70. Geburtstag, einige Tage später wurde sie mit einer schweren Lungenentzündung in das Martin-Luther-Krankenhaus eingeliefert. Die Karriere von Hildegard Knef war immer wieder unterbrochen von schweren Krankheiten. Im Mai 1998 zog sie mit Paul von Schell nach Zehlendorf in den ersten Stock eines Mehrfamilienhauses in der Lindenthaler Allee 21. In diesem Jahr gelang ihr noch einmal, 35 Jahre nach ihrer Hymne »Berlin, dein Gesicht hat Sommersprossen«, eine weitere musikalische Liebeserklärung an ihre Stadt. In »Ich war nie in Las Vegas« besingt sie das moderne Berlin: »Ich lebe unter Kränen, wo einmal

nichts als Krater waren. Ich mag die vielen Seen, die Bäume die sie eng umstehen. Ich lieb die Friedrichstraße, Pariser Platz und Kreuzbergs Stau. Ich mag die Linden unter Linden, die mit und die noch ohne Laub«.

Nach einer erneuten Lungenkrankheit saß Hildegard Knef im Rollstuhl und wechselte wieder einmal die Wohnung. Diesmal ging es nach Kleinmachnow am Stadtrand von Berlin. Am 31. Januar 2002 fand Paul von Schell seine Frau bewusstlos auf und ließ sie in die Lungenklinik Heckeshorn bringen, wo sie einen Tag später starb. Ihre Beerdigung fand in der Kaiser-Wilhelm-Gedächtnis-Kirche statt, beigesetzt wurde sie auf dem Waldfriedhof Zehlendorf.

Leberstraße 65: Gedenktafel an Marlene Dietrich

Wohnungen

Marlene Dietrich lebte mit ihrer Mutter und ihrer Schwester von 1901–1904 in der Leberstraße 65. An ihrem Geburtshaus sind zwei Gedenktafeln angebracht. Schräg gegenüber, in der Leberstraße 68, wohnte von 1926 – 1933 Hildegard Knef mit ihrer Mutter.

Leberstraße 65 und 68, 10829 Schöneberg, S-Bhf. Südkreuz

Deutsches Theater

Das Deutsche Theater, in dem sowohl Marlene Dietrich als auch Hildegard Knef ihr kleines Bühnendebüt feierten, erhielt 1883 seinen Namen. Gegründet wurde es 1850 als Friedrich-Wilhelmstädtisches Theater. Das Deutsche Theater hat drei Bühnen: das Große Haus mit einem Saal aus dem Jahr 1850, die Kammerspiele, die Max Reinhardt 1906 einrichten ließ, und die 2006 eröffnete Box, eine kleine Spielstätte mit achtzig Plätzen im Foyer der Kammerspiele. Zum festen Ensemble des Deutschen Theaters gehören unter anderem die Schauspielerinnen Nina Hoss und Constanze Becker, feste Regisseurin am Theater ist Barbara Frey.

Deutsches Theater, Schumannstraße 13a, 10117 Mitte, U-Bhf. Oranienburger Tor, www.deutschestheater.de

Metropol

Im Mozartsaal des 1905/06 errichteten Theaters wurden die Filme mit Henny Porten und später mit Marlene Dietrich uraufgeführt. Heute heißt das ehemalige Theater »Goya« und ist ein Veranstaltungsort – ganz in weiß gehalten mit großen Kronleuchtern.

Nollendorfplatz, 10777 Schöneberg, U-Bhf. Nollendorfplatz
www.goya-berlin.com

Titania-Palast

Im 1928 eröffneten Titania-Palast gab Marlene Dietrich 1960 ihr erstes Berliner Konzert. Der Mangel an großen, innerstädtischen Sälen und die technische Ausstattung des Hauses ließen den Titania-Palast in den Nachkriegsjahren zum kulturellen Zentrum werden. Heute wird hier reguläres Kinoprogramm gespielt, dienstags ist Kinotag. Einmal im Monat gibt es die Ladies-First-Preview, eine Filmabend speziell – aber nicht exklusiv – für Frauen.

Gutsmuthsstraße 27/28, 12163 Steglitz, U-Bhf. Walter-Schreiber-Platz, www.movieclick.de

Tribüne

Die 1945 von Victor de Kowa, Hildegard Knef und anderen SchauspielerInnen wieder aufgebaute Tribüne ist das älteste Privattheater Berlins. 1919 wurde die Spielstätte als politisch-expressionistische Bühne eröffnet. Am 31. Dezember 2008 fiel vorerst der letzte Vorhang. Am 20. September 2009, pünktlich zum 90-jährigen Geburtstag der Tribüne, feiert die Spielstätte Wiedereröffnung – unter neuer Regie und mit neuem Konzept. Künftig sollen Filmadaptionen das Publikum anlocken. Eine Büste vor dem ehemaligen Eingang erinnert an Hildegard Knef und ihre Verdienste um das Theater. Die vom Essener Künstler Thorsten Stegmann geschaffene Bronzebüste wurde am 13.12.2005 enthüllt und stieß bei den BerlinerInnen auf wenig Gegenliebe – sie sahen ihr Hildchen nicht würdevoll repräsentiert.

Otto-Suhr-Allee 18, 10585 Charlottenburg, U-Bhf. Ernst-Reuter-Platz, www.tribuene-berlin.de

Gloria-Palast und Marmorhaus

Die Kinos Gloria-Palast und Marmorhaus, in denen die Filme von Marlene Dietrich und Hildegard Knef Premiere feierten, haben ihren Spielbetrieb eingestellt. Der 1926 am Kurfürstendamm 10–10a eröffnete Gloria-Palast wurde 1943 durch Bomben zerstört. 1948 feierte er nur einige Meter weiter seine Wiedereröffnung. 1998 wurde das Filmtheater geschlossen. Heute betreibt die Modefirma Benetton eine Filiale in den denkmalgeschützten Kinoräumen. Im Eingang des Geschäfts kann man die alte Struktur des Foyers mit Wendeltreppe und Kassenhäuschen sehen. An der Fassade erinnert der Schriftzug Gloria an vergangenes Filmvergnügen. Am gegenüberliegenden weißen Gebäude verweist die Leuchtschrift Marmorhaus auf das gleichnamige Kino, das hier von 1913 bis 2001 residierte. Heute wird hier Mode der spanischen Modekette Zara verkauft.

Gloria-Palast, Kurfürstendamm 10 – 11,
Marmorhaus, Kurfürstendamm 236, U-Bhf. Kurfürstendamm

Kaiser-Wilhelm-Gedächtnis-Kirche

Marlene Dietrich heiratete am 14. Mai 1923 ihren ersten Ehemann Rudolf Sieber in der Kaiser-Wilhelm-Gedächtnis-Kirche am Auguste-Viktoria-Platz, dem heutigen Breitscheidplatz. 2002 fand hier die Trauerfeier für Hildegard Knef statt.

Am 1. September 1895 wurde die Kaiser-Wilhelm-Gedächtnis-Kirche das erste Mal eingeweiht. Ein Bombenangriff im November 1943 zer-

störte die Kirche. Die Turmruine wurde zum Mahnmal und Wahrzeichen Westberlins. Nachdem der Architekt Egon Eiermann die Ruine um eine moderne Kirche erweitert hatte, wurde die Gedächtnis-Kirche am 17. Dezember 1961 zum zweiten Mal eingeweiht.
Kaiser-Wilhelm-Gedächtnis-Kirche, Breitscheidplatz, 10789 Charlottenburg, U-Bhf. Kurfürstendamm
www.gedaechtniskirche-berlin.de

Im ehemaligen Kino Gloria wird heute Mode verkauft

Hotel Kempinski

Eine Übernachtung in der Präsidentensuite, die Hildegard Knef gern buchte, kostet heute 2.500 Euro.
Kurfürstendamm 27, 10719 Charlottenburg, U-Bhf. Uhlandstraße
www.kempinski-berlin.de

Hauptbahnhof

Der heutige Hauptbahnhof hieß bis zu seiner Inbetriebnahme am 28. Mai 2006 Lehrter Bahnhof. Von dieser Station aus reiste Marlene Dietrich 1930 nach Bremerhaven, um sich in Richtung USA einzuschiffen. Der Lehrter Bahnhof wurde 1871 erbaut, zwischen 1961 und 1989 war hier die letzte Bahnstation im Westsektor der Stadt, bevor der Zug weiter in den Osten fuhr.
www.hbf-berlin.de

Flughafen Tempelhof

1960 landete Marlene Dietrich auf dem Flughafen Tempelhof und wurde dort von Hildegard Knef in Empfang genommen. Der Flughafen ist der älteste und kleinste der drei Berliner Flughäfen. Er wurde 1923 errichtet und war ab 1948 während der Blockade Berlins Stützpunkt für die Berliner Luftbrücke, die die lebensnotwendige Versorgung der BerlinerInnen durch die Amerikaner garantierte. Das Luftbrückendenkmal, Hungerharke genannt, erinnert an die Versorgung Westberlins aus der Luft während der sowjetischen Blockade 1948/49. Wegen des geplanten Baus eines Großflughafens wurde der Flughafen Ende Oktober 2008 stillgelegt.
Seit 2009 findet in den stillgelegten Hallen zweimal jährlich die Modemesse Bread & Butter statt. In einem der Hangars ist das Travestietheater »La vie en rose« zu Hause. Führungen geben Einblicke in die bewegte Geschichte des Flughafens Tempelhof. Buchungen unter www.bim-berlin.de oder unter Telefon: 030–90 166 1500

Flughafen Berlin-Tempelhof, Platz der Luftbrücke 5, 12101 Tempelhof, U-Bhf. Platz der Luftbrücke

Der Marlene Dietrich-Raum im Filmmuseum

La Vie en Rose

Seit über 40 Jahren zeigt das Revuetheater eine Mischung aus Gesang, Tanz, Travestie, Erotik und Akrobatik.

Im Flughafen, links neben dem Haupteingang
www.lavieenrose-berlin.de

Marlene-Dietrich-Platz

Der Bezirk Tiergarten benannte 1997 den Platz nach der großen Berliner Diva mit der Widmung »Berliner Weltstar des Films und des Chansons. Einsatz für Freiheit und Demokratie, für Berlin und Deutschland«. Diese Auszeichnung war eine späte Anerkennung für die Dietrich. Erst zu ihrem 100. Geburtstag im Jahr 2001 entschuldigte sich das Land Berlin offiziell für die Anfeindungen, die sie als Kriegsmigrantin durch die Stadt und ihre Einwohner erfahren musste. Posthum erhielt sie am 16. Mai 2002 die Ehrenbürgerschaft Berlins.

Am Potsdamer Platz, 10785 Tiergarten, U-Bhf. Potsdamer Platz

Nachlass im Filmmuseum

Das Filmmuseum präsentiert in drei Räumen auf etwa 300 Quadratmetern rund 130 Exponate aus Marlene Dietrichs Nachlass. Außerdem beherbergt es den Nachlass von Hildegard Knef.

Haus Deutsche Kinemathek – Museum für Film und Fernsehen, Potsdamer Straße 2, 10785 Tiergarten, U-Bhf. Potsdamer Platz,
www.filmmuseum-berlin.de

Ehrengrab von Marlene Dietrich

Der Grabstein trägt die Inschrift »Hier steh ich an den Marken meiner Tage«.

Städtischer Friedhof Schöneberg III, 34–363, Stubenrauchstraße 43–45, 12161 Schöneberg, U-Bhf. Bundesplatz

Ehrengrab von Hildegard Knef

Hildegard Knef hat auf dem Waldfriedhof in Zehlendorf ihre letzte Ruhe gefunden. Das Ehrengrab schmückt ein schlichter weißer Grabstein mit eingravierter Rose.

Waldfriedhof Steglitz-Zehlendorf, Potsdamer Chaussee 75, 14129 Zehlendorf, S-Bhf. Nikolassee

Sie rockten die ehemalige DDR: Tamara Danz mit Band Silly

Tamara Danz

Sie besang in ihren Liedern die verlorenen Kinder in den Straßen von Berlin, den Trümmerberg in Friedrichshain »Mont Klamott« und schuf in ihren Songs ein Frauenbild, das von Aufbruch und nicht von Anpassung sprach. Sie röhrte, rockte, flüsterte, schrie – und prägte damit den Stil der Rockband Silly. Sie trug Lederklamotten mit Nieten und blonde Haare, auftoupiert zu einer wilden Mähne. Einige Leute nannten sie die Tina Turner des Ostens, für andere war sie die ostdeutsche Antwort auf Janis Joplin. Für die meisten jedoch ist Tamara Danz die größte Rocksängerin der ehemaligen DDR.

Tamara Danz war ein Kind Berlins und, wie so viele andere BerlinerInnen vor und nach ihr, nicht in der Stadt geboren. Sie kam 1952 im thüringischen Breitungen zur Welt und wuchs als Tochter eines Diplomaten in Bulgarien und Rumänien auf. Erst zur Schulzeit kam sie nach Berlin und machte 1971 ihr Abitur an der Klement-Gottwald-Schule in Treptow. Sie war keine angepasste Schülern. Sie kleidete sich extravagant, hatte eine Berliner Schnauze und verbrachte ihre Freizeit am liebsten in der Mokka-Milch-Eisbar, einem beliebten Treffpunkt für Beatniks.

Erste musikalische Erfahrungen machte sie mit dem Oktoberklub, der bekanntesten Gruppe der FDJ-Singebewegung. Mit dieser Formation nahm sie 1973 bei den 10. Weltfestspielen der Jugend und Studenten im Stadion der Weltjugend teil, dem sogenannten Woodstock Ostberlins, zu dem Millionen junger Leute aus rund 140 Staaten kamen. Tamara Danz schnupperte das Flair von Festival und Happening, absolvierte aber erst einmal vier Semester lang ein Dolmetscherstudium, bis sie sich endgültig für eine musikalische Laufbahn entschied. Sie schmiss das Studium, bewarb sich an der renommierten Hanns-Eisler-Musikhochschule, wurde aber wegen »unzureichender stimmlicher und fachlicher Qualifikation« abgelehnt. Ihren Berufsausweis

erhielt sie erst, nachdem sie drei Jahre lang die Spezialklasse Tanzmusik und Gesang an der Musikschule Friedrichshain besucht hatte. 1978 gründete Tamara Danz zusammen mit anderen Musikern die Band »Familie Silly«, die sich später in Silly umbenannte. Zu Proben trafen sie sich im Haus der jungen Talente in der Klosterstraße, mit ihrem Repertoire tingelten sie durch Rumänien und Bulgarien. 1981 wurde Tamara Danz in der DDR zur besten Rocksängerin des Jahres gewählt, 1983 kam der endgültige Durchbruch mit dem Song »Mont Klamott«, eine Hymne an die Trümmerberge im Volkspark Friedrichshain, die nach dem Zweiten Weltkrieg von Frauen aufgeschüttet wurden. »Mont Klamott« wurde 1983 zur LP des Jahres gewählt. Von nun an ging's steil bergauf mit der Karriere von Silly und Tamara Danz erhielt noch drei Mal die Auszeichnung »Sängerin des Jahres«. Die Band unternahm die ersten Tourneen ins westliche Ausland und produzierte ihre Songs bei der Schallplattenfirma Amiga, deren Studios im Ostberliner Teil der von der Mauer geteilten Brunnenstraße lagen.
Jahrelang lebte Tamara Danz im Prenzlauer Berg in einer Einzimmerwohnung in der Seelower Straße. 1987/88 zog sie nach Mitte in die Otto-Nuschke-Straße an den Platz der Akademie in eine Vierzimmerwohnung mit Blick auf den Französischen Dom.
Die Sängerin war regimekritisch, ihre Kritik versteckte sich zwischen den Liedzeilen. Das Album »Zwischen unbefahr'nen Gleisen« fiel 1984 der Zensur zum Opfer. An politischen Großveranstaltungen der DDR nahm sie nicht teil, im Ostfernsehen war sie nur selten zu sehen. Nur zur 750-Jahr-Feier Berlins im Jahr 1987 machte sie eine Ausnahme. Gemeinsam mit Herbert Dreilich von der Band Karat ließ sie sich mit einem Kran über den Rosa-Luxemburg-Platz fahren. Sie sangen den Karat-Song »Glocke 2000«. Eine Aktion, die Tamara Danz später bereute: »Eigentlich wollten wir zu diesem Anlass nicht auftreten. Weil die so viel Geld rausgeschmissen haben dafür. Das war ein Fehler, aber die haben uns damals erpresst.«
Im September 1989 zählte sie zu den Initiatoren und Erstunterzeichnern einer Protestresolution von Rockmusikern und Liedermachern, die in der DDR politische Reformen forderten. Den Text der Resolution verlas sie verbotenerweise vor ihren Konzerten und nahm im Oktober 1989 in der Ostberliner Erlöserkirche an einem Konzert gegen Gewalt teil, das sich gegen die Übergriffe von Sicherheitskräften bei den aktuellen Demonstrationen richtete.

Nach der Wiedervereinigung der beiden deutschen Staaten besann sich Tamara Danz, in ihrem Herzen eine Sozialistin, auf ihre Wurzeln und engagierte sich im Komitee für Gerechtigkeit gegen den Ausverkauf Ostdeutschlands.
Die Band Silly war nach der Wende auf dem Tiefpunkt ihrer Karriere. Ostrock war im wiedervereinigten Deutschland nicht gefragt. Bei Probeaufnahmen zu einem neuen Album waren den Chefs der Plattenfirma Ariola aus Bayern die Silly-Texte zu düster und sie legten Tamara Danz hauseigene locker-leichte Texte vor. Die Sängerin lehnte ab: »Bei der Vorstellung, diese infantile Scheiße von mir zu geben, haben sich meine Fußnägel hochgerollt.«
In der Französischen Straße 24 fand die Band einen Proberaum, der ihr Kellerstudio wurde. 1994 richteten sie sich im Umland ihr eigenes Danzmusik Studio Berlin ein, in dem sie selbst Musik produzierten – ihre eigene und die anderer Musiker.
Während der Produktion des Albums »Paradies«, zu dem Tamara Danz erstmalig alle Texte selber geschrieben hatte, wurde bei der Sängerin Krebs diagnostiziert. Nach einer Odyssee durch diverse Kliniken starb sie am 22. Juli 1996 in ihrer Wohnung, begleitet von zwei Bandmitgliedern, ihrem Ehemann Uwe Hassbecker und ihrem besten Freund und ehemaligen Lebensgefährten Ritchie Barton. Am 3. August 1996 wurde sie auf dem Friedhof in Münchehofe beigesetzt. »Münchehofe hat sie gewählt, weil ihre Eltern dort wohnen und weil sie die Anonymität auf den riesigen Berliner Friedhöfen hasste«, sagt Uwe Hassbecker.

Mokka-Milch-Eisbar

Tamara Danz war in den 70er-Jahren häufig Gast in der Mokka-Milch-Eisbar. Heute befindet sich hier das Café Alberts, ein amerikanisches Diner.

Karl-Marx-Allee 35, 10178 Mitte, U-Bhf. Schillingstraße

Stadion der Weltjugend

Das Stadion, in dem 1973 die Weltfestspiele der Jugend und Studenten stattfanden, wurde 1992 abgerissen. Seit dem 19. Oktober 2006 entsteht auf dem Gelände die neue Zentrale des Bundesnachrichtendienstes, die voraussichtlich im Jahr 2012 bezugsfertig sein wird.

Im Karree Chaussee-, Habersaath-, Scharnhorst-, Boyenstraße, 10115 Mitte, U-Bhf. Schwartzkopffstraße

Haus der jungen Talente

Im ehemaligen Haus der jungen Talente befand sich der Übungsraum von Silly. Das Haus der jungen Talente wurde 1990 abgewickelt und 1991 unter dem Namen Podewil, Internationales Zentrum für aktuelle Künste, wieder eröffnet. 2004 musste jedoch auch das Podewil schließen. Seit 2005 befindet sich im Podewil'schen Palais die gemeinnützige Gesellschaft Kulturprojekte zur Förderung, Vernetzung und Vermittlung von Kultur.

Klosterstraße 68 – 70, 10179 Mitte, U-Bhf. Klosterstraße
www.kulturprojekte-berlin.de

Tamara-Danz-Straße

Auf dem Grundstück zwischen altem Postbahnhof und Warschauer Brücke wurden im November 2006 sieben neue Straßen nach Frauen benannt. Neben Tamara Danz wurde unter anderem Valeska Gert, eine berühmte Tänzerin der 20er-Jahre, mit einer Straße geehrt. Das Areal befindet sich gegenüber der East Side Gallery, einem seit 1991 unter Denkmalschutz gestelltes Stück Berliner Mauer, das 1990 von über 100 KünstlerInnen aus Berlin und der ganzen Welt bemalt wurde und zum 20. Jahrestag des Mauerfalls restauriert wird.

Mühlenstraße, 10243 Friedrichshain, U-Bhf. Schlesisches Tor
www.eastsidegallery-berlin.de

Mont Klamott

Der Erfolgssong »Mont Klamott« von Silly handelt vom Volkspark Friedrichshain. Nach dem Zweiten Weltkrieg karrten Aufbauhelferinnen den Schutt der umliegenden Stadtviertel in den Friedrichshain. Eine Million Quadratmeter Trümmer machten aus dem Areal einen zweihügeligen Berg mit jeweils 48 und 78 Metern Höhe. Seitdem trägt der Volkspark Friedrichshain den Spitznamen Mont Klamott.
An der höchsten Stelle ist eine Plattform, von der aus BesucherInnen einen schönen Blick über die Stadt genießen können. Nur wenige Meter weiter befindet sich die Freilichtbühne Friedrichshain, wo im Sommer Kinofilme gezeigt werden und das lesbisch-schwule Sommerfest stattfindet. Am Ausgang Friedenstraße/Am Friedrichshain sprudelt seit 1913 der von Ludwig Hoffmann entworfene Märchenbrunnen, gesäumt von steinernen Figuren aus den Geschichten der Gebrüder Grimm.

Friedenstraße/Am Friedrichshain, Bus 200, Haltestelle: Am Friedrichshain

Dornröschen am Märchenbrunnen im Volkspark Friedrichshain

Wohnungen

Bis Mitte der 80er-Jahre lebte Tamara Danz im Prenzlauer Berg in einer Einzimmerwohnung.

Seelowerstraße, 10439 Prenzlauer Berg, U-Bhf. Schönhauser Allee

Gendarmenmarkt

Vom Prenzlauer Berg zog es Tamara Danz nach Mitte an den Platz der Akademie. In der Otto-Nuschke-Straße bezog sie eine Wohnung mit Blick auf den Französischen Dom. Die Otto-Nuschke-Straße wurde nach der Wende in Jägerstraße zurückbenannt, der Platz der Akademie wurde zum Gendarmenmarkt. Er gilt als einer der schönsten Plätze Europas, eingerahmt vom Deutschen Dom und dem Französischen Dom (Barock, 18. Jahrhundert) sowie dem Konzerthaus (Karl Friedrich Schinkel, 1818–1821). Weder der Französische noch der Deutsche Dom sind Kirchen. Friedrich der Große ließ sie 1700 auf dem Neuen Markt erbauen – so hieß der Gendarmenmarkt da noch –, um dem Platz italienischen Glanz zu verleihen.

Tamara Danz konnte früher von ihrer Wohnung aus den Französischen Dom sehen

Den Namen Dom erhielten beide Gebäude wegen der Kuppel, die auf französisch dôme genannt wird. 254 Stufen müssen die BesucherInnen erklimmen, wenn sie auf der Aussichtsplattform des Französischen Doms in 55 Metern Höhe einen tollen Rundblick auf die Stadt genießen möchten.
Der Turm ist täglich von 9 – 19 Uhr geöffnet.
Gendarmenmarkt 5, 10117 Mitte, U-Bhf. Französische Straße

Friedhof Münchehofe

Tamara Danz wurde am 3. August 1996 auf dem Friedhof in Münchehofe beigesetzt. Die Trauerfeier fand in der Feldsteinkirche statt.
An der Feldsteinkirche, Dorfstraße, 15366 Münchehofe, S-Bhf. Hoppegarten

Der Dianasee in Grunewald

Die Frauen aus dem Grunewald

Ende des 19. Jahrhunderts entstand die Villenkolonie im Berliner Stadtteil Grunewald für die betuchten BerlinerInnen. Hier lebten unter anderem Zarah Leander, deren Haus am Wildpfad 24 nicht mehr steht, und Dorothea Wieck, das Fräulein von Bernburg aus dem Film »Mädchen in Uniform« (1931), das in der Herthastraße 4 ihr Zuhause hatte. Linda McCartney bewohnte ein halbes Jahr lang mit ihrem Mann zusammen eine Suite im Grunewalder Schlosshotel in der Brahmsstraße 10.

Der Grunewald selbst ist das größte zusammenhängende Waldgebiet im Westen Berlins mit vielen kleinen und größeren Seen. Leider ist ein Ausflug in diese landschaftlich sehr schöne Gegend nur HundeliebhaberInnen zu empfehlen, weil fast die gesamte Grunewaldseenkette Hundeauslaufgebiet ist. Im Wasser tummeln sich mehr Vier- als Zweibeiner, und das Kläffen der Tiere ist schon aus der Ferne zu vernehmen. Ausnahme sind die am Rande der Villenkolonie gelegenen Gewässer, Diana- und Königssee, die durch die Hasensprungbrücke miteinander verbunden sind. Der Dianasee ist nach der gleichnamigen römischen Göttin der Jagd und des Mondes benannt. Private Villen säumen das Ufer, was einen Spaziergang um die idyllischen Seen herum verhindert. Eine nette kleine Badestelle findet sich jedoch gegenüber dem Haus Königsallee 20 am Königssee. Hier führt hinter einem blauen Brückengeländer ein Pfad zu einer mit Gras bedeckten Badebucht.

Empfehlenswert ist ein Ausflug in die Villenkolonie mit seinen schönen alten Häusern, die die Geschichten ihrer BewohnerInnen bewahren. Hier finden sich die Villen von:

Ingeborg Bachmann

Schriftstellerin

Geboren 1926 in Klagenfurt, gestorben 1973 in Rom

Nach der Trennung von ihrem Ehemann Max Frisch zog Ingeborg Bachmann 1963 nach Berlin und nahm sich eine Wohnung in Grunewald. Hier waren auch andere DichterInnen zu Hause, die zu der Gruppe 47, einem Zusammenschluss deutscher SchriftstellerInnen, gehörten. Von 1963 bis 1965 lebte Ingeborg Bachmann in Grunewald. Hier verfasste sie das Manuskript zu »Das Buch Franza« und hielt in »Ein Ort für Zufälle« ihre Eindrücke des alten Westberlins fest.

Hasensprung 2 und Königsallee 53

Gedenktafel in der Königsallee 45

Vicki Baum

Schriftstellerin

Geboren 1888 in Wien, gestorben 1960 in Los Angeles

Vicki Baum wohnte von 1926 bis 1931 in der Königsallee mit ihrem Mann Richard Lert, der Generalmusikdirektor an der Staatsoper Unter den Linden war. Hier verfasste sie den Roman »Menschen im Hotel«. Ihren Lebensunterhalt verdiente sie beim Ullstein-Verlag, für den sie als Redakteurin der Zeitschriften »Die Dame«, »Uhu« und »Berliner Illustrirte« arbeitete. In ihrem Erinnerungsbuch »Es war alles ganz anders« schrieb sie: »Wir wohnten nahe den Grunewaldseen, und in der warmen Jahreszeit fuhren wir nach einem leichten Frühstück allesamt hinaus, um rasch ein paar Stöße zu schwimmen ... Dann brachten wir, mein Mann und ich, die Kinder zur Schule, aber um Himmels willen nie bis an den Eingang: Wer im Wagen vorfuhr, war als Dicketuer gezeichnet.« Wegen des wachsenden Antisemitismus wanderte Vicki Baum 1932 in die USA aus.

Gedenktafel am Haus in der Königsallee 45

Isadora Duncan

Tänzerin

Geboren 1877 in San Fransisco, gestorben 1927 in Nizza

Isadora Duncan eröffnete 1904 gemeinsam mit ihrer Schwester Elisabeth in einer Grunewalder Villa eine Tanzschule für Mädchen, die als Internat und zur musischen Erziehung der Mädchen diente. Um den Unterhalt der Schule zu gewährleisten, traten die Mädchen mit Tanzdarbietungen auf. Isadora Duncan war eine unkonventionelle Tänzerin, die ihr Publikum spaltete. Die einen waren begeistert, die anderen fanden ihre Auftritte skandalös. Als Isadora Duncan unverheiratet schwanger wurde, wanderte sie nach Holland aus, bekam ihr Kind und tingelte von da an über die Bühnen der Welt. Ihre Schwester Elisabeth führte die Schule allein weiter, siedelte aber 1911 nach Darmstadt über, wo sie unter der Schirmherrschaft von Großherzog Ludwig eine neue Tanzschule eröffnete. Isadora Duncan kam 1927 in Nizza bei einem Unfall in ihrem Rennwagen ums Leben. Heute erinnert nur noch eine Gedenktafel an der Villa in der Trabener Straße an den Ruhm vergangener Zeiten.

Trabener Straße 16

Isadora Duncan lebte in der Trabener Straße 16

Else Lasker-Schüler

Dichterin

Geboren 1869 in Berlin, gestorben 1945 in Jerusalem

Else Lasker-Schüler wohnte von 1912 bis 1914 in einem Grunewalder Mietshaus, dessen Fassade der vornehmen Gegend angepasst wurde. Ihr möbliertes Zimmer im zweiten Stock bezeichnete sie als Spelunke. Dort verfasste sie viele Gedichte und Skizzen. Im September 1914 zog sie mit ihrem Sohn nach München und nur einen Monat später wieder zurück nach Berlin. Sie kehrte nicht in den Grunewald zurück, sondern mietete sich in der Pension Benecke in der Nürnberger Straße 47 ein. Die Spelunke in Grunewald war das letzte angemietete Domizil der Frau, deren eigentliches Zuhause die Cafés und Pensionen der Stadt waren.

Humboldtstraße 13

Mehr zu Else Lasker-Schüler > S. 69

Hildegard Knef

Schauspielerin, Sängerin, Malerin und Autorin

Geboren 1925 in Ulm, gestorben 2002 in Berlin

Hildegard Knef bezog im Sommer 1977 gemeinsam mit Ehemann Paul von Schell die 14-Zimmer-Villa in der Bettinastraße, die sie angemietet hatten. Allein der Umzug soll 50.000 Mark gekostet haben.

Hildegard Knefs Wohnsitz in Grunewald

Hildegard Knef: »4.000 Mark Miete im Monat plus Kosten für die Gasheizung, dazu kommen noch die Angestellten, die Agenten und die Steuern. Da bleibt nicht mehr viel fürs Bankkonto.« Paul von Schell fügte hinzu: »Wir brauchen Geld. Deshalb konnten wir das Haus in Berlin auch nicht kaufen, sondern nur mieten. Ein Kauf war aus finanziellen Gründen nicht möglich.«

Bettinastraße 12; später: Brahmsstraße 12; Douglasstraße 12

Mehr zu Hildegard Knef > S. 30–43

Brigitte Mira

Schauspielerin

Geboren 1910 in Hamburg, gestorben 2005 in Berlin

Brigitte Mira galt als Berliner Original. Ihre Schauspielkunst beschränkte sich jedoch nicht nur auf schräge Figuren, wie die der Margarete Färber aus der Fernsehserie »Drei Damen vom Grill«. Eine ihrer intensiven Seiten zeigte sie in dem Rainer-Werner-Fassbinder-Film »Angst essen Seele auf«. In dem Melodram spielt sie die ältere Putzfrau Emmi Kurowski, die sich in einen jüngeren Marokkaner verliebt und ihn heiratet. Für Brigitte Mira war Fassbinder der tollste Regisseur. »Der hat mich gelassen«, sagte sie. Vielleicht hing deswegen sein Foto an der Wand der Wohnküche in ihrem »Hexenhäuschen«. Hier, zwischen Grunewald- und Hundekehlsee, lebte sie bis zu ihrem Tod mit zwei Katzen, einer Maincoon und einer Perser Chinchilla, sowie einem Yorkshire Terrier.

Königsallee 83, 14193 Grunewald, S-Bhf. Grunewald

Ehrengrab: Evangelischer Luisen-Friedhof III, Fürstenbrunner Weg, 14059 Charlottenburg, S-Bhf. Westend

Romy Schneider

Schauspielerin

Geboren 1938 in Wien, gestorben 1982 in Paris

Von 1966 bis 1972 lebten Romy Schneider und Harry Mayen mit Sohn David-Christopher, der am 3. Dezember 1966 im Virchow-Krankenhaus im Wedding zur Welt kam, in der Winkler Straße 22. Romy Schneider ging häufig mit ihrem Sohn am Diana- und Königssee spazieren.

Winkler Straße 22 und Brahmsstraße 10

Anreise zur Villenkolonie:
Mit der S-Bahn bis zum Bahnhof Grunewald

»Das Ewig-Weibliche zieht uns hinan« – Alter St. Matthäus-Friedhof

Auf den Spuren weiterer berühmter Frauen

Besuche von Gedenktafeln und Grabstätten geben einerseits einen Einblick in das Umfeld prominenter Berlinerinnen, andererseits bieten sie die Möglichkeit, in Stadtteile einzutauchen, die abseits vom allgemeinen Tourismusprogramm liegen und ihren ganz eigenen Charme haben. Und ist der Gedanke nicht faszinierend, dass genau durch diese Straßen vor langer Zeit Lilian Harvey, Käthe Kollwitz oder Jeanne Mammen gegangen sind?

May Ayim

Geboren 1960 in Hamburg, gestorben 1996 in Berlin
May Ayim war Dichterin und Aktivistin der afrodeutschen Bewegung. Nachdem sie an Multipler Sklerose erkrankt war, ging May Ayim am 9. August 1996 in den Freitod.

Grab: Alter St. Matthäus-Friedhof, Großgörschenstraße 12 – 14, 10827 Schöneberg, U-Bhf. Yorckstraße

Anita Berber

Tänzerin
Geboren 1899 in Leipzig, gestorben 1928 in Berlin
1914 zog Anita Berber, die später durch aufsehenerregende Nackttänze berühmt werden sollte, nach Berlin-Wilmersdorf in die Zähringer Straße 13, wo sie von 1919 bis 1928 lebte. Im Alter von 29 Jahren starb sie im Kreuzberger Krankenhaus Bethanien an Tuberkulose. Heute ist hier das Künstlerhaus Bethanien mit Ateliers, einer Werkstatt und drei Studios. Das Künstlerhaus ist ein offenes Haus mit wechselnden Ausstellungen. Im Sommer werden im Garten Filme in Originalversion mit Untertiteln gezeigt.

Gedenktafel: Zähringer Str. 13, 10707 Wilmersdorf, U-Bhf. Konstanzer Straße

Künstlerhaus Bethanien, Mariannenplatz 2, 10997 Kreuzberg, U-Bhf. Kottbusser Tor

Grab von May Ayim

Alice Berend

Schriftstellerin

Geboren 1875 in Berlin, gestorben 1938 in Florenz

Alice Berend war die fünf Jahre ältere Schwester der Malerin Charlotte Berend-Corinth. Die Geschwister verbrachten ihre Kindheit und Jugend zunächst in der Kreuzberger Kochstraße, heute Rudi-Dutschke-Straße. Später lebten sie in der Kantstraße in Charlottenburg. Alice Berend zog es weiter in den Tiergarten, in die Wullenweberstraße 5, später dann auf die andere Kanalseite, ans Schleswiger Ufer 15. Die Autorin von Romanen wie »Die Bräutigame der Babette Bomberling« oder »Der Herr Direktor« schrieb Milieu- und Charakterstudien und nahm gerne ihre Heimatstadt zum Mittelpunkt ihrer Erzählungen. Ihre ironisch-zeitgeschichtlichen Schilderungen Berlins trugen ihr den Ruf einer »weiblichen Fontane« ein. 1935 verließ Berend ihren letzten Berliner Wohnsitz am Hochwildpfad 1 in Zehlendorf und emigrierte nach Italien, wo sie 1938 nach schwerer Krankheit mittellos starb. 1999 wurde in Tiergarten in der Nähe des Kanzlerparks eine Straße nach ihr benannt. Alle Straßen und Wege, die den Kanzlerpark kreuzen, tragen berühmte Frauennamen.

Alice-Berend-Straße, 10557 Mitte, S-Bhf. Bellevue

Paula Busch

Schriftstellerin und Zirkusdirektorin

Geboren 1894 in Odense/Dänemark, gestorben 1973 in Berlin

1927 übernahm Paula Busch den Zirkus ihrer Eltern, der damals seinen festen Standort in der Kleinen Präsidentenstraße 7, am Bahnhof Börse – heute Hackescher Markt – hatte. Unter Hitler wurde der Zirkus 1934 geschlossen. Paula Busch kaufte sich ein Zelt und ging mit ihrem Wanderzirkus auf Tour. 1961 musste sie den Zirkus aufgeben. Sie schrieb etliche Romane, die vom Zirkusleben erzählen, wie beispielsweise »Die Wasserminna«.

Kleine Präsidentenstraße, 10178 Mitte, S-Bhf. Hackescher Markt
Grabstätte: Kirchhof Dorotheenstadt II, Liesenstraße 9 , 13355 Reinickendorf, U-Bhf. Reinickendorfer Straße

Minna Cauer

Frauenrechtlerin
Geboren 1841 in Freyenstein, gestorben 1922 in Berlin
Minna Cauer war Aktivistin im radikalen Flügel der Frauenbewegung. Von 1895 bis 1919 war sie Herausgeberin der Zeitung »Die Frauenbewegung«. Ein Exemplar der Zeitung aus dem Jahr 1911 ist im Deutschen Historischen Museum in Berlin zu sehen. Minna Cauer hat ein Ehrengrab auf dem Alten St. Matthäus-Friedhof.

Grab: Alter St. Matthäus-Friedhof, Großgörschenstraße 12 – 14, 10827 Schöneberg, U-Bhf. Yorckstraße

Hedwig Dohm

Schriftstellerin und Frauenrechtlerin
Geboren 1831 in Berlin, gestorben 1919 in Berlin
Hedwig Dohm wuchs in Berlin gemeinsam mit 17 Geschwistern auf. Zeit ihres Lebens litt sie darunter, dass ihr nicht die gleichen Bildungsmöglichkeiten offenstanden wie ihren Brüdern. Auf der Mädchenschule fühlte sie sich unterfordert und die mangelnde Schulbildung empfand sie als Manko. Fortan setzte sie sich für bessere Ausbildungssituationen für Frauen ein und kämpfte für den uneingeschränkten Zugang zu sämtlichen Studienfächern und Berufen. Die wissenschaftliche Emanzipation der Frau blieb ihr ein Leben lang wichtig. Ab 1872 erschienen feministische Essaybände wie »Was Pastoren von den Frauen denken« oder »Die wissenschaftliche Emancipation der Frau«. Zudem schrieb sie einige Lustspiele, die auf den Berliner Bühnen aufgeführt wurden. Zahlreiche ihrer Artikel erschienen in feministisch radikalen Zeitschriften wie Minna Cauers »Die Frauenbewegung«. Bis zum Tod ihres Mannes lebte Hedwig Dohm in der Potsdamer Straße in Tiergarten und führte ein offenes Haus in der Tradition der literarischen Salons. Nach dem Tod ihres

Mannes, 1883, zog sie zu ihrer Tochter nach Marzahn. Sie blieb jedoch unabhängig, reiste viel und verbrachte die Sommermonate im Grunewald oder am Wannsee. Montags hielt sie weiterhin ihren »Jour« ab, zu dem sie auch führende Persönlichkeiten der organisierten Frauenbewegung einlud.

Zum 175. Geburtstag der Schriftstellerin übernahm der Journalistinnenbund die Patenschaft für die Grabstätte von Hedwig Dohm und sicherte diese somit für die nächsten 20 Jahre. Die Kölner Künstlerin Ulrike Oeter schuf den Grabstein mit der Inschrift »Menschenrechte haben kein Geschlecht«. Der Journalistinnenbund zeichnet seit 1991 jedes Jahr eine Kollegin mit der Hedwig-Dohm-Urkunde aus.

Wohnungen: Potsdamer Straße 27a, heute Nummer 72, 10785 Tiergarten, U-Bhf. Kurfürstenstraße; Tiergartenstraße 19, 12683 Marzahn, S-Bhf. Wuhlheide

Grab: Alter St. Matthäus-Friedhof, Großgörschenstraße 12–14, 10827 Schöneberg, U-Bhf. Yorckstraße

Alter St. Matthäus-Friedhof

Der Alte St. Matthäus-Friedhof hat schöne alte Grabstätten. Neben Hedwig Dohm, Minna Cauer und May Ayim sind dort auch weitere bekannte Frauen wie Gudula Lorez (1944–1987), Verlegerin erotischer Frauenliteratur, die deutschsprachige Schriftstellerin tschechischer Herkunft Libuše Moníková (1945–1998) oder die ehemalige KPD-Politikerin und Feministin Hilde Radusch (1903–1994) begraben. Wer den Friedhof besucht, kann auf Kaffee und Kuchen im Friedhofscafé Finovo einkehren. Die frühere »Polittunte« Ichgola Androgyn, bekannt aus vielen Filmen von Rosa von Praunheim, betreibt das Café im ehemaligen Verwalterhäuschen von 9 – 17 Uhr.

Alter St. Matthäus-Friedhof, Großgörschenstraße 12–14, 10827 Schöneberg, U-Bhf. Yorckstraße

Tilla Durieux

Schauspielerin

Geboren 1880 in Wien, gestorben 1971 in Berlin

Die Österreicherin kam 1903 nach Berlin ans Deutsche Theater, wo sie unter Max Reinhardt bis 1911 ihre ersten künstlerischen Erfolge feierte. Ab 1916 war sie Mitglied im Ensemble des Königlichen Schauspielhauses (heute Konzerthaus). Im Ersten Weltkrieg wurde sie Krankenschwester in Buch, seit 1920 Stadtteil von Berlin. Ab 1927 arbeitete sie zusammen mit Erwin Piscator am Theater am Nollendorfplatz, heute Goya. Nach der Machtübernahme der Nazis zog sie 1933 in die Schweiz und ging später nach Jugoslawien. 1952 kehrte sie nach Deutschland zurück, wo sie weiter als Schauspielerin für Theater und Film arbeitete. Von 1961 bis zu ihrem Tod im Jahr 1971 lebte Tilla Durieux in Charlottenburg. Eine Gedenktafel erinnert an die Schauspielerin. Tilla Durieux wurde auf dem Friedhof Heerstraße beigesetzt. Im Jahr 2003 wurde am Potsdamer Platz der Tilla-Durieux-Park eröffnet. Es ist kein Park im klassischen Sinn – hier bilden zwei schräg ansteigende Rasenflächen ein sogenanntes Rasenkissen.

Konzerthaus: Gendarmenmarkt, 10117 Mitte, U-Bhf. Französische Straße

Gedenktafel: Bleibtreustraße 15, 10623 Charlottenburg, S-Bhf. Savignyplatz

Grab: Trakehner Allee 1, 14053 Charlottenburg, U-Bhf. Olympiastadion

Tilla-Durieux-Park, U-Bhf. Mendelssohn-Bartholdy-Park

Friedhofscafé am Alten St. Matthäus-Friedhof

Valeska Gert

Tänzerin und Kabarettistin

Geboren 1892 in Berlin, gestorben 1978 in Kampen/Sylt

Valeska Gert war für ihre grotesken Tanzpantomimen berühmt. Die Nazis stuften ihre Kunst als entartet ein, woraufhin sie 1933 Berlin Richtung Großbritannien verließ. 1949 kam sie für zwei Jahre zurück und betrieb in der Paulsborner Straße 59 das Kabarett Hexenküche.

Nach ihrem Tod wurde sie in ihrer Heimatstadt begraben. Valeska Gert wollte in einem knallroten Sarg beerdigt werden. Ihr Grabstein trägt ihren pinkfarbenen Schriftzug.

Ehrengrab: Friedhof Ruhleben, Am Hain, 13597 Charlottenburg, U-Bhf. Ruhleben

Helga Hahnemann

Entertainerin, Kabarettistin, Schauspielerin

Geboren 1937 in Berlin, gestorben 1991 in Berlin

Helga Hahnemann, die den Spitznamen Henne trug, begeisterte über Jahre mit ihren Liedern und Sketchen das Publikum. Seit 1995 wird im Friedrichstadtpalast, Europas größtem Revuetheater, zur Erinnerung an die Entertainerin der Publikumspreis Goldene Henne an den beliebtesten Star aus Politik, Kultur, Sport und Medien verliehen. 1997 erhielt die Berliner SPD-Politikerin Regine Hildebrandt, die 2001 im Alter von 60 Jahren starb, den begehrten Preis. Zu Helga Hahnemanns 15. Todestag wurde im Foyer des Friedrichstadtpalastes die Helga-Hahnemann-Büste von Karsten Klingbeil aufgestellt.

Friedrichstadtpalast, Friedrichstraße 107, 10117 Mitte, U-Bhf. Friedrichstraße, www.friedrichstadtpalast.de

Die Sommerrevue im Friedrichstadtpalast

Lilian Harvey

Schauspielerin

Geboren 1906 in London, gestorben 1968 in Juan-les-Pins

1923 machte Lilian Harvey in Berlin ihr Abitur, später besuchte sie die

Ballettschule der Deutschen Staatsoper und feierte erste Tanzerfolge. Später machte sie als Schauspielerin Karriere. Ihre Filme wie »Die Drei von der Tankstelle«, »Der Kongreß tanzt« oder »Fanny Elssler« waren Welterfolge. Die Künstlerin, die unter Beobachtung der Gestapo stand, emigrierte nach Frankreich. 1943 entzogen ihr die Nazis die deutsche Staatsbürgerschaft. Von 1925 bis 1930 wohnte sie in der Düsseldorfer Str. 47.

Gedenktafel: Düsseldorfer Straße 47, 10707 Wilmersdorf, U-Bhf. Konstanzer Straße

Fanny Hensel

Komponistin

Geboren 1805 in Hamburg, gestorben 1847 in Berlin

Fanny wurde ebenso wie ihr Bruder Felix Mendelssohn schon als Kind am Klavier sowie in Musiktheorie und Komposition unterrichtet. 1841 komponierte sie ihr bedeutendstes Werk, den Zyklus »Das Jahr«. Am 14. Mai 1847 erlag Fanny Hensel während der Probe zu einer ihrer Sonntagsmusiken unerwartet einem Gehirnschlag. Fanny und ihr Bruder wurden im Familiengrab, einem Ehrengrab der Stadt Berlin, beigesetzt. Am heutigen Bundesratsgebäude stand einst das Wohnhaus der Familie Mendelssohn. Eine Gedenktafel erinnert an Fanny Hensel und Felix Mendelssohn Bartholdy.

Ehrengrab: Dreifaltigkeitsfriedhof I, Mehringdamm 21, 10961 Kreuzberg, U-Bhf. Mehringdamm

Gedenktafel: Leipziger Str. 3–4, 10117 Mitte, U-Bhf. Potsdamer Platz

Lotti Huber

Schauspielerin, Sängerin, Tänzerin, Autorin

Geboren 1912 in Kiel, gestorben 1998 in Berlin

Lotti Huber wurde nach der Ermordung ihres jüdischen Mannes 1937 von Berlin aus in das KZ Moringen deportiert, 1938 kam sie wieder frei. Erst 1965 kehrte sie nach Berlin zurück und wurde durch die Filme Rosa von Praunheims ein Star der Berliner Underground-Szene und zur Ikone der Lesben- und Schwulenbewegung. Von 1968 bis zu ihrem Tod wohnte sie in der Leibnizstraße 58. Alljährlich grüßte sie von ihrem Balkon aus die TeilnehmerInnen des Christopher-Street-Days. Im Jahr 1998 war der CSD der verstorbenen Lotti Huber gewidmet.

Wohnung: Leibnizstraße 58, 10629 Charlottenburg, U-Bhf. Adenauerplatz

Grab: Friedhof der jüdischen Gemeinde zu Berlin, Heerstraße 141, 14055 Charlottenburg, S-Bhf. Pichelsberg

Regina Jonas

Rabbinerin

Geboren 1902 in Berlin, ermordet 1944 in Auschwitz

Regina Jones war die erste Rabbinerin der Welt. Nach ihrer Ordination im Jahr 1935 hielt sie Gottesdienste im Trausaal der Neuen Synagoge ab. Die Kanzel der Neuen Synagoge und die der anderen großen Berliner Synagogen blieben ihr als Frau jedoch verwehrt. Zum jüdischen Neujahrsfest 1866 wurde die Neue Synagoge eingeweiht. Während des Novemberpogroms 1938 wurde sie zwar vor größeren Schäden bewahrt, doch im Zweiten Weltkrieg von Bomben schwer beschädigt. Im Mai 1995 wurde die Synagoge mit der golden leuchtenden Kuppel wieder geöffnet. Seit Juni 2001 erinnert eine Gedenktafel an einem Wohnhaus in Mitte an Regina Jonas. In dem Haus, das zuvor an dieser Stelle stand, wohnte sie bis zur ihrer Deportation nach Auschwitz.

Gedenktafel: Krausnickstraße 6, 10115 Mitte, U-Bhf. Weinmeisterstraße

Neue Synagoge/Centrum Judaicum, Oranienburger Straße 28/30, 10117 Mitte, S-Bhf. Oranienburger Straße

Führungen finden sonntags um 14 und um 16 Uhr statt, in den Monaten März bis Oktober auch mittwochs um 16 Uhr.

Mascha Kaléko

Dichterin

Geboren 1907 in Schidlow/Galizien, gestorben 1975 in Zürich

Mascha Kaléko kam 1918 nach Berlin. Ihre Schul- und Studienzeit verbrachte sie im Scheunenviertel, in der Grenadierstraße 17. Später lebte sie im Westteil der Stadt. An dem Haus in der Bleibtreustraße, in dem sie von 1936 bis 1937 wohnte, ist eine Gedenktafel angebracht. Sie absolvierte eine Lehre als Bürokauffrau und besuchte Abendkurse in Philosophie und Psychologie, unter anderem an der Lessing-Hochschule in der Podbielskiallee 5, an der bis 1933 auch die Schauspielerin Tilla Durieux und die Physikerin Lise Meitner lehrten. In der Weimarer Republik zählte die Hochschule zum geistigen und kulturellen Zentrum Deutschlands. Weitere Kurse belegte Mascha Kaléko an der Friedrich-Wilhelm-Universität, der heutigen Humboldt-Universität. Ende der 20er-Jahre lernte sie die künstlerische Avantgarde der Stadt kennen, die sich im Romanischen Café traf. 1929 veröffentlichte sie erste Gedichte, die die Atmosphäre im Berlin ihrer Zeit widerspiegeln. 1938 wanderte Mascha Kaléko in die USA aus und zog 1959 nach Israel.

Gedenktafel: Bleibtreustraße 10/11, 10623 Charlottenburg, S-Bhf. Savignyplatz

Gedenktafel an die Rabbinerin Regina Jonas

Irmgard Keun

Schriftstellerin

Geboren 1905 in Berlin, gestorben 1982 in Köln

Irmgard Keun verbrachte ihre Kindheit in Berlin und zog 1913 nach Köln. 1931/32 hatte sie großen Erfolg mit ihren Romanen »Gilgi – eine von uns« und »Das kunstseidene Mädchen« über »Neue Frauen« der 1920er-Jahre. Ihre Romane wurden verboten, Irmgard Keun verließ Deutschland 1935, kehrte 1940 jedoch mit falschen Papieren zurück und lebte bis Kriegsende illegal. Erst Ende der 1970er-Jahre wurden ihre Werke wiederentdeckt.

Gedenktafel am Geburtshaus: Meinekestraße 6, 10719 Wilmersdorf, U-Bhf. Uhlandstraße

Gertrud Kolmar

Lyrikerin und Schriftstellerin

Geboren 1894 in Berlin, ermordet 1943 in Auschwitz

Gertrud Kolmar wurde in der Poststraße 14 in Mitte geboren. Ihre Kindheit verbrachte sie in Charlottenburg in der Ahornstraße 37. Das Haus wurde im Krieg zerstört. Eine Gedenktafel am Nachfolgebau erinnert an die Schriftstellerin. 1923 zog die Familie nach Neufinkenkrug bei Falkensee. Nachdem dem Vater Ludwig Chodziesner die Zulassung als Jurist entzogen worden war, musste er das Haus zwangsweise verkaufen. Er zog am 21. Januar 1939 mit seiner Tochter Gertrud in ein sogenanntes Judenhaus, in die Speyerer Straße 10, in eine Fünf-Zimmerwohnung, die sie mit fünf weiteren jüdischen Untermietern teilen mussten. Von dort wurde Ludwig Chodziesner am 9. September 1942 nach Theresienstadt und Gertrud Kolmar am 27. Februar 1943 nach Auschwitz deportiert.

Gedenktafel: Ahornallee 37, 14050 Charlottenburg, U-Bhf. Theodor-Heuss-Platz

Stolperstein: Speyerer Straße 10, heute Münchener Straße 18a, 10777 Schöneberg, U-Bhf. Viktoria-Luise-Platz

Hotel Sachsenhof

Evelyn Künneke

Sängerin und Schauspielerin

Geboren 1921 in Berlin, gestorben 2001 in Berlin

Evelyn Künneke war nach Abschluss ihrer Ausbildung zweite Solotänzerin der Berliner Staatsoper. 1938 gründete sie ihr eigenes Tanzstudio in Berlin. Unter dem Künstlernamen Evelyn King trat sie in

Cabarets und Varietés auf, bis ihr die Nazi-Behörden 1939 die Verwendung eines Künstlernamens untersagten und sie keine Bühnenengagements mehr bekam. Sie begann eine Karriere als Sängerin. Nach dem Krieg hatte sie noch einige Jahre Erfolg als Schlagersängerin, doch in den späten 50er- und 60er-Jahren verblasste ihr Ruhm. Erst Mitte der 70er-Jahre feierte Evelyn Künneke ihr großes Comeback als Schauspielerin in Filmen von Rainer Werner Fassbinder und Rosa von Praunheim. Bis ins hohe Alter tingelte sie als Chansonsängerin durch die Berliner Szenelokale, unter anderem gemeinsam mit Brigitte Mira und Helen Vita als »Drei Alte Schachteln«. 2001 starb sie an Lungenkrebs. Sie lebte von 1939 bis 2001 in der Wohnung ihres Vaters in der Giesebrechtstraße 5. Eine Gedenktafel am Wohnhaus erinnert an Evelyn Künneke.

Giesebrechtstraße 5, 10629 Charlottenburg, U-Bhf. Adenauerplatz

Else Lasker-Schüler

Dichterin

Geboren 1869 in Berlin, gestorben 1945 in Jerusalem

Else Lasker-Schüler führte ein ruheloses und unstetes Leben ohne festen Wohnsitz, meist in der Berliner Boheme. Sie wurde die Königin der Kaffeehäuser genannt, das Romanische Café am Kurfürstendamm war zeitweise ihr Zuhause. Else Lasker-Schüler gilt heute als eine der Wegbereiterinnen des Expressionismus. Mit ihrem zweiten Ehemann Herwarth Walden, dem Herausgeber der Zeitschrift »Der Sturm«, wohnte sie von 1909 bis 1911 in der Katharinenstraße 5 in Charlottenburg. Nach der Scheidung 1912 lebte sie bis 1914 in ihrer letzten angemieteten Unterkunft in Grunewald. Von 1924 bis 1933 wohnte sie im Hotel Koschel in Schöneberg, wo sie pro Monat ungefähr 4,50 Reichsmark bezahlte. Als die Nationalsozialisten an die Macht kamen, wurde die Dichterin als »frivole, morbide Kaffeehausliteratin« abgestempelt und musste Deutschland 1933 verlassen. Von 1937 an lebte sie in Palästina, wo sie 1943 den Gedichtband »Mein blaues Klavier« veröffentlichte. Das Werk widmete sie ihren »unvergesslichen Freunden und Freundinnen in den Städten Deutschlands und denen, die wie ich, vertrieben und zerstreut in der Welt sind«. Verarmt starb sie am 22. Januar 1945 in Jerusalem an den Folgen eines Herzleidens. Am ehemaligen Hotel Koschel, dem heutigen Hotel Sachsenhof, erinnert eine Gedenktafel an Else Lasker-Schüler.

Gedenktafel: Hotel Sachsenhof, Motzstraße 7, 10777 Schöneberg, U-Bhf. Nollendorfplatz

Irmtraud Morgner

Schriftstellerin

Geboren 1933 in Chemnitz, gestorben 1990 in Berlin

Irmtraud Morgner war seit 1958 als freie Schriftstellerin in Berlin tätig. In ihren Romanen wie »Leben und Abenteuer der Trobadora Beatriz nach Zeugnissen ihrer Spielfrau Laura« oder »Amanda. Ein Hexenroman« thematisierte sie den Geschlechterkampf und die uneingelöste Gleichberechtigung der Frau in einer Kombination zwischen DDR-Realismus und Fantastik, womit sie auch im Westen Kultstatus erlangte.

Wohnung: Leipziger Str. 41, 10117 Mitte, U-Bhf. Stadtmitte

Grabstätte: Zentralfriedhof Friedrichsfelde, Eingang Gudrunstraße, 10365 Lichtenberg, U- und S-Bhf. Lichtenberg

Inge Müller

Schriftstellerin

Geboren 1925 in Berlin, gestorben 1966 in Berlin

Inge Müller wurde als Ingeborg Meyer in Berlin-Niederschönhausen geboren. Nach dem Krieg arbeitete sie als Journalistin. 1953 lernte sie den Schriftsteller Heiner Müller kennen, den sie 1955 heiratete. Gemeinsam arbeiteten sie an Hörspielen und Theaterstücken, wobei sie im Schatten ihres Mannes stand, der sie nicht als gleichberechtigte Partnerin anerkannte. Sie litt unter Depressionen und versuchte mehrfach, sich das Leben zu nehmen, was ihr am 1. Juni 1966 gelang. Zu Lebzeiten publizierte die Schriftstellerin einige Kinderbücher und das Hörspiel »Die Weiberbrigade«. Ihre rund 300 Gedichte wurden erst 20 Jahre nach ihrem Tod veröffentlicht.

Ein Denkzeichen für die Schriftstellerin Inge Müller und den Dramatiker Heiner Müller ist am Gebäude ihres gemeinsamen Wohn- und Arbeitsortes angebracht. Die letzte Ruhe fand Inge Müller auf einem Pankower Friedhof. Ihre Grabstelle wurde 1991 eingeebnet und neu belegt. 1997 wurde eine Gedenkstele im Ehrenhain errichtet.

Gedenktafel: Kissingenplatz 12, 13189 Pankow, U-Bhf. Pankow

Grab und Gedenkstele: Friedhof Pankow III, Am Bürgerpark 24, 13156 Pankow, S-Bhf. Schönholz

Asta Nielsen

Schauspielerin

Geboren 1881 in Kopenhagen, gestorben 1972 in Frederiksberg

Der berühmte Stummfilmstar lebte und arbeitete von 1912 bis 1937 in

Berlin. An dem Haus in der Fasanenstraße, in dem Asta Nielsen von 1931 bis 1937 wohnte, ist eine Gedenktafel angebracht. In ihrer ehemaligen Wohnung befindet sich heute die Hotel-Pension Funk. Die Zimmer sind teilweise original erhalten.

Gedenktafel: Hotel-Pension Funk, Fasanenstraße 69, 10719 Charlottenburg, U-Bhf. Kurfürstendamm

Zimmer in der Hotel-Pension Funk

Lilli Palmer

Filmschauspielerin und Schriftstellerin

Geboren 1914 in Posen, Polen, gestorben 1986 in Los Angeles

Im Alter von vier Jahren zog Lilli Palmer mit ihrer Familie nach Berlin-Charlottenburg. An dem Haus in der Hölderlinstraße 11, in dem sie von 1917 bis 1932 wohnte, befindet sich eine Gedenktafel. Lilli Palmer machte ihr Abitur an der Waldschule in Charlottenburg. 1934 emigrierte sie nach Paris und später in die USA, weil sie als Jüdin nicht mehr in Deutschland leben und arbeiten konnte. 1958 stand sie mit Romy Schneider in »Mädchen in Uniform« vor der Kamera. In Spandau an der Havel liegen die Lilli-Palmer-Promenade und die Romy-Schneider-Straße direkt nebeneinander.

Hölderlinstraße 11, 14050 Charlottenburg, U-Bhf. Theodor-Heuss-Platz

Lilli-Palmer-Promenade, 13599 Spandau, U-Bhf. Haselhorst

Henny Porten

Filmschauspielerin

Geboren 1890 in Magdeburg, gestorben 1960 in Berlin

Mit fünf Jahren kam Henny Porten nach Berlin. Ihre Jugend verbrachte sie in der Steglitzer Albrechtstraße 40, woran eine Gedenktafel an dem Gebäude erinnert. Viel später, als sie schon ein großer Stummfilmstar war, zog sie in eine Villa in der Kurfürstenstraße. Hier ist heute das Café Einstein, das bekannteste Berliner Kaffeehaus mit eigener Rösterei. In der NS-Zeit wurde Henny Porten aufgefordert, ihren jüdischen Ehemann zu verlassen. Da sie sich weigerte, erhielt sie teilweise nur noch kleine Rollen oder wurde ganz boykottiert. Nach Kriegsende verließ sie die Stadt und kam erst 1957 wieder zurück. Im Oktober 1960, fünf Monate nachdem sie das Bundesverdienstkreuz erhalten hatte, starb sie in armen Verhältnissen.

Gedenktafel am Haus Albrechtstraße 40, 12167 Steglitz, S-Bhf. Feuerbachstraße

Café Einstein, Kurfürstenstraße 58, 10785 Tiergarten, U-Bhf. Nollendorfplatz

Ehrengrab: Kaiser-Wilhelm-Gedächtnis-Friedhof, Fürstenbrunner Weg 69, 14059 Charlottenburg, U-Bhf. Kaiserdamm

Gedenktafel zur Bücherverbrennung

Nelly Sachs

Schriftstellerin

Geboren 1891 in Berlin, gestorben 1970 in Stockholm

Nelly Sachs wurde in der Schöneberger Maaßenstraße 15 geboren. Heute trägt das Haus die Nummer 12. Kindheit und Jugend verbrachte sie in Mitte am Siegmunds Hof 16, direkt an der Spree. Das Wohnhaus wurde im Krieg zerstört. Nach dem Tod des Vaters im Jahr 1930 zog sie mit ihrer Mutter in die Lessingstraße 33, wo sie bis zu ihrer Emigration nach Stockholm im Jahr 1940 lebte. Den beiden jüdischen Frauen gelang die Flucht im letzten Moment. Der Befehl zur Deportation in ein Lager war bereits eingetroffen. 1967 wurde Nelly Sachs, die im Jahr zuvor mit dem Nobelpreis für Literatur ausgezeichnet worden war, zur Ehrenbürgerin Berlins ernannt.

Gedenktafeln: Maaßenstraße 12, 10777 Schöneberg, U-Bhf. Nollendorfplatz; Lessingstraße 5, 10555 Tiergarten, U-Bhf. Hansaplatz
Gedenkstein im Nelly-Sachs-Park: Dennewitzstraße, 10783 Schöneberg, U-Bhf. Bülowstraße

> auch S. 95

Bebelplatz

Anna Seghers

Schriftstellerin, Ehrenbürgerin von Berlin
Geboren 1900 in Mainz, gestorben 1983 in Berlin

Anna Seghers zog 1925 nach Berlin. Von 1928 bis 1933 lebte sie in der Helmstedter Straße 24. Nach der Machtübernahme der Nazis floh die jüdische Dichterin nach Frankreich und später nach Mexiko. Ihre Bücher wurden von den Nazis verbrannt. An die Bücherverbrennung erinnert ein Denkmal von Micha Ullman. Auf dem Bebelplatz ist eine in den Boden gelassene Bibliothek mit leeren Regalen eingerichtet, die durch eine Kunststoffscheibe von oben betrachtet werden kann.

Bei der Bücherverbrennung am 10. Mai 1933 wurden unter anderem auch die Bücher der Autorinnen Gina Kaus (1893–1985), Alexandra Kollontai (1872–1952) und Bertha von Suttner (1843–1914) verbrannt. 1947 kehrte Anna Seghers nach Berlin zurück und hatte eine Unterkunft im unzerstört gebliebenen Seitenflügel des Hotels Adlon am Brandenburger Tor, Pariser Platz. Nach mehrmaligem Wohnungswechsel zog sie mit ihrem Mann in die Volkswohlstraße 18 in Adlershof, heute Anna-Seghers-Straße. Dort kann die ehemalige Wohnung, Dichterwerkstatt und Bibliothek der Schriftstellerin bei einer Führung besichtigt werden.

Gedenktafel: Helmstedter Straße 24, 10717 Wilmersdorf, U-Bhf. Güntzelstraße

Bebelplatz, Unter den Linden, Bus 100, Haltestelle: Staatsoper

Anna-Seghers-Gedenkstätte, Anna-Seghers-Straße 81, 12489 Treptow-Köpenick, S-Bhf. Adlershof; Öffnungszeiten: dienstags und donnerstags von 10–16 Uhr, www.adk.de

Ehrengrab: Dorotheenstädtischer Friedhof, Chausseestraße 126, 10115 Mitte, U-Bhf. Zinnowitzer Straße

Gabriele Tergit

Schriftstellerin und Journalistin

Geboren 1894 in Berlin, gestorben 1982 in London

Gabriele Tergit gilt als weibliche Pionierin der Gerichtsreportage. Berühmt wurde sie 1931 durch ihren zeitkritischen Berlin-Roman »Käsebier erobert den Kurfürstendamm«. Zwischen 1928 und 1933 wohnte sie in Siegmunds Hof 16 in Tiergarten. Ihre literarische Laufbahn wurde durch Hitler unterbrochen, sie emigrierte über Prag und Tel Aviv nach London, wo sie jedoch nicht mehr an ihren Erfolg anknüpfen konnte. In London war sie 25 Jahre Sekretärin des PEN-Zentrums deutschsprachiger AutorInnen im Ausland. 2003 wurde am Potsdamer Platz die Gabriele-Tergit-Promenade eröffnet.

Wohnung: Siegmunds Hof 22, 10555 Tiergarten, S-Bhf. Tiergarten

Gabriele-Tergit-Promenade, S- und U-Bhf. Potsdamer Platz

Else Ury

Schriftstellerin

Geboren 1877 in Berlin, ermordet 1943 in Auschwitz

Am 6. Januar 1943 wurde die Verfasserin der »Nesthäkchen«-Bücher in die Deportationssammelstelle Große Hamburger Straße 26 verschleppt. Am 13. Januar wurde sie in Auschwitz ermordet.

Eine Gedenktafel am Wohnhaus, in dem sie von 1905 bis 1933 lebte, erinnert an die Schriftstellerin.
Gedenktafel: Kantstraße 30, 10623 Charlottenburg, S-Bhf. Savignyplatz

Rahel Varnhagen

Schriftstellerin und Saloniere
Geboren 1771 in Berlin, gestorben 1833 in Berlin
In der Jägerstraße 54 unterhielt die jüdische Schriftstellerin Rahel Varnhagen in der Dachstube ihren ersten literarischen Salon, bevor sie 1819 ihren zweiten Salon am heutigen Standort der Galeries Lafayette eröffnete. Eine Gedenktafel am Nachfolgebau in der Jägerstraße erinnert an die Schriftstellerin und Salondame. Ihre letzte Ruhe fand Rahel Varnhagen auf dem Dreifaltigkeitsfriedhof II, dem ältesten der vier Dreifaltigkeitsfriedhöfe, an der Bergmannstraße.
Gedenktafel: Jägerstraße 54, 10117 Mitte, U-Bhf. Französische Straße
Grab: Dreifaltigkeitsfriedhof II, Bergmannstraße 39, 10961 Kreuzberg, U-Bhf. Südstern

Büste von Claire Waldoff

Claire Waldoff

Kabarettistin
Geboren 1884 in Gelsenkirchen, gestorben 1957 in Bad Reichenhall
Die Weimarer Zeit war für die unkonventionelle Claire Waldoff die wohl erfolgreichste. In ihrer Wohnung in der Regensburger Straße 33 führte sie einen Salon, in dem sich ihre lesbischen Freundinnen trafen. Hier lebte sie mit ihrer Lebensgefährtin Olga von Roeder. An dem

Haus, in dem sie von 1919 bis 1933 wohnte, ist eine Gedenktafel angebracht. Hier ging auch Marlene Dietrich ein und aus, die zeitlebens eng mit Claire Waldoff befreundet war. Sie lernten sich 1926 bei Probeaufnahmen kennen und zogen gemeinsam durch die Berliner Lesbenszene.

Auf dem »Berliner Pflaster« – einer Anlehnung an den »Walk of Fame« in Los Angeles – werden rund um die Büste von Claire Waldoff vor dem Friedrichstadtpalast seit 2003 KünstlerInnen der Unterhaltungsindustrie mit in den Gehweg eingelassenen Platten geehrt, die den Abdruck der Hände oder die Unterschrift zeigen. Bis heute sind dort Liza Minelli, Helga Hahnemann, Ute Lemper, Marion Spadoni, Caterina Valente und Irene Mann verewigt.

Gedenktafel: Regensburger Straße 33, 10777 Schöneberg
U-Bhf. Viktoria-Luise-Platz
Claire-Waldoff-Platz, Vor der Kleinen Revue, Friedrichstadtpalast, Friedrichstraße 107, 10117 Mitte, U-Bhf. Oranienburger Tor

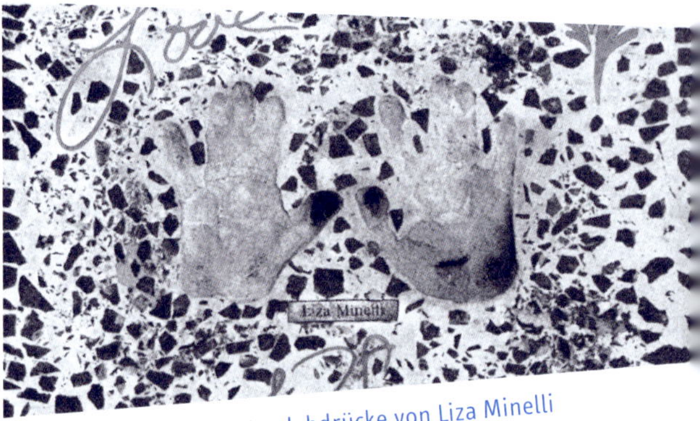

Handabdrücke von Liza Minelli

Helene Weigel

Theaterschauspielerin und Intendantin
Geboren 1900 in Wien, gestorben 1971 in Berlin

Ihre schauspielerische Ausbildung erhielt Helene Weigel in Wien. Nach kurzen Engagements an kleineren Bühnen, unter anderem auch in Frankfurt/Main, kam sie nach Berlin ans Deutsche Theater zu Max Reinhardt. Hier erspielte sie sich ihren Ruf als bedeutende Künstlerin. 1923 begegnete sie dem Schriftsteller Bertolt Brecht, den sie 1928 heiratete. Von 1924 bis 1929 lebte das Paar in der Spichernstraße 16. An diesem Wohnhaus ist eine Gedenktafel angebracht. 1933 emigrierte Helene Weigel in die USA. 1948 kam sie nach Berlin zurück

und gründete zusammen mit Bertolt Brecht das Berliner Ensemble. 1949 übernahm sie die Intendanz des Hauses, das sie bis zu ihrem Tod leitete. Die »Dreigroschenoper« sowie »Mutter Courage und ihre Kinder« stehen auch heute noch auf dem Spielplan des Theaters. Ab 1953 lebten Bertolt Brecht und Helene Weigel in der Chausseestraße 125. Am 10. Februar 1978 wurde dort zu Brechts 80. Geburtstag die Brecht-Weigel-Gedenkstätte eröffnet. Ein Besuch der Arbeits- und Wohnräume ist nur mit einer Führung möglich, die täglich stattfindet. Drei Räume sind im Originalzustand erhalten. Weitere Einrichtungen des Brecht-Hauses sind das Bertolt-Brecht-Archiv mit dem Helene-Weigel-Archiv sowie das Literaturforum im Brecht-Haus und ein Kellerrestaurant (> Restauranttipps S. 223f).
Helene Weigel wurde auf dem Dorotheenstädtischen Friedhof neben ihrem Mann beigesetzt.

Gedenktafel: Spichernstraße 16, 10777 Wilmersdorf, U-Bhf. Spichernstraße

Brecht-Weigel-Gedenkstätte, Chausseestraße 125, 10115 Mitte, U-Bhf. Zinnowitzer Straße, www.adk.de

Berliner Ensemble, Bertolt-Brecht-Platz 1, 10117 Mitte, U-/S-Bhf. Friedrichstraße, www.berliner-ensemble.de

Grab: Dorotheenstädtischer Friedhof, Chausseestraße 126, 10115 Mitte, U-Bhf. Zinnowitzer Straße

Innenansicht Berliner Ensemble

Jeanne Mammen beim Modellieren der Tonskulptur »Männerkopf« in ihrem Atelier, 1945/46.

Auf den Spuren bildender Künstlerinnen in Berlin

Berühmt und nicht vergessen, das sind die bildenden Künstlerinnen vergangener Epochen, deren Skulpturen sich im Berliner Straßenbild finden oder deren Gemälde in Museen ausgestellt sind. Längst haben sich Namen wie Käthe Kollwitz, Renée Sintenis, Hannah Höch oder Jeanne Mammen ins kollektive Gedächtnis eingegraben. Wir wissen um ihre Kunst – doch wo haben sie gelebt und gearbeitet? Und wo haben sie ihre letzte Ruhestätte gefunden?

Wenn Sie beispielsweise den Spuren von Hannah Höch folgen, gelangen Sie an den Heiligensee, in dessen Nähe sie ihren Wohnsitz hatte und wo sie heute begraben liegt, oder an den Tegeler See, an dem der »Archaische Erz-Engel vom Heiligensee« steht, eine Hommage an die Dadaistin zu ihrem 100. Geburtstag. Am Nordufer des Tegeler Sees liegt die Greenwichpromenade, an der sich die Anlegestellen der Personenschifffahrt finden. Ab hier kann man eine Havelseenrundfahrt starten oder mit dem Dampfer die Pfaueninsel besuchen.

Gisèle Freund

Fotografin

Geboren 1908 in Berlin, gestorben 2000 in Paris

Die Fotografin berühmter Frauen wie Frida Kahlo, Virginia Woolf, Simone de Beauvoir, Colette, Sylvia Beach und Adrienne Monier wurde im Bayerischen Viertel in Schöneberg in der Haberlandstraße 7, heute Nummer 3, geboren und wuchs dort auf. Anfang der 1930er-Jahre ging sie zum Studium der Fotografie nach Paris. Als die Nazis an die Macht kamen, entschied sie sich, nicht mehr nach Berlin zurückzukehren. 1936 wurde sie französische Staatsbürgerin.

Wohnung: Haberlandstraße 3, 10779 Schöneberg, U-Bhf. Bayerischer Platz

Archaischer Erz-Engel vom Heiligensee

Dora Hitz

Malerin

Geboren 1856 in Altdorf, gestorben 1924 in Berlin

1892 kam Dora Hitz nach Berlin und wohnte in der Hardenbergstraße 24, direkt am Bahnhof Zoo, wo sie bis 1894 auch ein eigenes Atelier hatte. Danach zog sie nach Tiergarten an den Lützowplatz 12. »Ihr Heim am parkähnlichen Lützowplatz«, so schrieb ein Zeitgenosse, »war ihr gemäß von patrizierhafter Vornehmheit und künstlerischer Schönheit.« Dora Hitz war Mitglied des Vereins Berliner Künstlerinnen und Kunstfreundinnen (> S. 87). Sie betrieb neben ihrem Atelier am Lützowplatz auch eine eigene Malerinnenschule. 1898 war sie – ebenso wie Käthe Kollwitz und Julie Wolfthorn – Mitbegründerin der Berliner Secession. Ihre Gemälde zeigen vorwiegend Frauen, Mädchen und Mütter. Einige ihrer Werke sind in der Neuen Nationalgalerie zu sehen.

Neue Nationalgalerie, Potsdamer Straße 58, 10785 Tiergarten, Bus M29, Haltestelle: Potsdamer Brücke

Hannah Höch

Malerin, Dadaistin

Geboren 1889 in Gotha, gestorben 1978 in Berlin

1917, als die Dada-Bewegung noch in den Kinderschuhen steckte, war Hannah Höch die einzige Frau unter den Berliner Dadaisten. In den 1920er-Jahren lebte sie in Friedenau in der Büsingstraße 16. Als die Nazis an die Macht kamen und die Collagen und Fotomontagen Höchs als entartet einstuften, zog sie sich nach Heiligensee zurück. Eine Gedenktafel an dem kleinen Flugwärterhäuschen, in dem sie von 1939 bis 1978 lebte und arbeitete, erinnert an die Künstlerin. Der von Höch als Gesamtkunstwerk geschaffene Garten mit mehr als 800 Pflanzenarten steht seit 1995 unter Denkmalschutz. Nach telefonischer Vereinbarung werden vom Frühjahr bis zum Herbst von Mitgliedern des Fördervereins Künstlerhaus Hannah Höch e.V. Führungen durch den Garten und das Atelier Höchs angeboten.

Gedenktafel am Flutwärterhäuschen

Direkt am Tegeler See steht die acht Meter hohe Statue von Siegfried Kühl, »Archaischer Erz-Engel vom Heiligensee«, die 1989 zum 100. Geburtstag von Hannah Höch als Hommage an die Künstlerin eingeweiht wurde. Nach dem Tod von Hannah Höch kaufte die Berlinische Galerie, Landesmuseum für Moderne Kunst, Fotografie und Architektur, ihren künstlerischen Nachlass. Ausgestellt sind einzelne Exponate. Das Archiv ist komplett editiert in sechs Bänden, die dort eingesehen werden können.

Hannah-Höch-Haus: An der Wildbahn 33, 13503 Reinickendorf, S-Bhf. Schulzendorf, Tel. 030–4314824
www.hannah-hoech-kuenstlerhaus.de

Statue: Tegeler See, An der Malche/Gabrielenstraße, 13507 Tegel, U-Bhf. Alt-Tegel

Ehrengrab: Friedhof Heiligensee, Sandhauserstraße 78 – 130, 13505 Reinickendorf, Bus 124 ab S-Bhf. Schulzendorf

Hannah-Höch-Archiv: Berlinische Galerie, Alte Jakobstraße 124–128, 10969 Kreuzberg, Bus M29, Haltestelle: Waldeckpark, www.berlinischegalerie.de

»Block der Frauen« von Ingeborg Hunzinger

Ingeborg Hunzinger

Bildhauerin

Geboren 1915 in Berlin, gestorben 2009 in Berlin

Die von 1953 bis zu ihrem Tod am 19. Juli 2009 im idyllischen – auch Neu-Venedig genannten – Stadtteil Rahnsdorf am Müggelsee lebende Bildhauerin Ingeborg Hunzinger schuf das beeindruckende Denkmal »Block der Frauen«, das an das Jahr 1943 erinnert, als Frauen in der Rosenstraße für die Freilassung ihrer inhaftierten jüdischen Männer kämpften. Diese Geschichte wurde 2003 von der Berliner Regisseurin Margarethe von Trotta verfilmt.

In der ersten Märzwoche 1943 protestierten vor dem Gebäude Rosenstraße 2–4 viele hundert Menschen, überwiegend Frauen, die die Freilassung ihrer jüdischen Ehepartner, Verlobten, Väter oder Freunde forderten. In dem Gebäude der ehemaligen Sozialverwaltung der jüdischen Gemeinde warteten die Gefangenen auf ihre Deportation. »Gebt uns unsere Männer wieder«, skandierten die Frauen. Kein Einschüchterungsversuch seitens der Gestapo hielt sie von ihrem Protest ab. Nach einer Woche, am 6. März, wurden die ersten Männer freigelassen. Es dauerte zehn Tage, bis die fast 2.000 Gefangenen frei waren.

Das Gebäude wurde 1945 bei einem Bombenangriff schwer beschädigt. An seiner Stelle erinnert heute das Denkmal »Der Block der Frauen« von Ingeborg Hunzinger an die Protestaktion. Es wurde am 18. Oktober 1995 eingeweiht. Die Inschrift, die Ingeborg Hunzinger für eine der Rückseiten der drei Blöcke gewählt hat, lautet: »Die Kraft des zivilen Ungehorsams und die Kraft der Liebe bezwingen die Gewalt der Diktatur«. Am benachbarten Alexander-Plaza-Hotel (Rosenstraße 2) erinnert seit September 1998 eine Gedenktafel mit einem historischen Foto an die Ereignisse. Im Innenhof des Hotels befindet sich eine weitere Skulptur von Ingeborg Hunzinger, »Der Sizilianische Traum«.

Sowohl vor dem Hotel als auch an der Karl-Liebknecht-Straße/ Rosenstraße steht eine rote Litfaßsäule, die mit Bildern und Schriften den Frauenprotest dokumentiert.

In unmittelbarer Nähe des »Blockes der Frauen« stellt Hunzingers Installation aus gemeißeltem Stein einen jüdischen Mann dar, der auf einer Bank sitzt. Die Skulptur erinnert daran, dass es im »Dritten Reich« für Juden und Jüdinnen verboten war, sich auf Parkbänke zu setzen.

Rosenstraße, 10178 Mitte, S-Bhf. Hackescher Markt

Käthe Kollwitz

Grafikerin und Bildhauerin

Geboren 1876 in Königsberg, gestorben 1945 in Moritzburg

1885/86 kam Käthe Kollwitz zum Studium nach Berlin. Sie besuchte die Zeichenschule des Vereins der Berliner Künstlerinnen (> S. 87) bei Karl Stauffer-Bern. 1891 heiratete sie den Armenarzt Karl Kollwitz und lebte mit ihm am heutigen Kollwitzplatz, damals noch Wörther Platz. Käthe Kollwitz erzählt in ihren Werken vom Schicksal des Proletariats in der kapitalistischen Epoche. »Klagende Frau«, »Arbeitslos«, »Frau mit totem Kind« und »Hungernde Kinder« heißen ihre Arbeiten. Im März 1919 wurde sie Mitglied der Akademie der Künste und hatte als erste Frau eine Professorenstelle. 1940 starb Karl Kollwitz, drei Jahre später wurde das Haus am Wörther Platz durch einen Bombenangriff zerstört. Käthe Kollwitz verließ Berlin, ging zunächst nach Nordhausen, dann weiter nach Moritzburg bei Dresden. Dort starb sie am 22. April 1945 im Alter von 77 Jahren. In einem Ehrengrab des Friedhofs Friedrichsfelde ist Käthe Kollwitz neben ihrem Mann begraben.

Käthe-Kollwitz-Museum in der Fasanenstraße 24

Käthe Kollwitz ließ 1937 die Skulptur »Mutter mit zwei Kindern« von dem Bildhauer Erich Geiseler in Muschelkalk ausführen. Im Zweiten Weltkrieg ging die Skulptur verloren. 1949 baute der Bildhauer Fritz Diederich eine Kopie in Muschelkalk. Sie wurde anfangs in der Kollwitzstraße 56a, an der Stelle des 1943 zerstörten Wohnhauses der Künstlerin, aufgestellt. Seit 1997 steht die Plastik am Bezirksamt Prenzlauer Berg.
Die Neue Wache ist seit dem 19. Jahrhundert Gedenkstätte. Im Zentrum des Raumes steht die Skulptur »Mutter mit totem Sohn«. Das Original dieser Pietà wurde 1937 von Käthe Kollwitz geschaffen. Die Figur wurde 1993 anlässlich der Einweihung der der Neuen Wache als zentrale Gedenkstätte der Bundesrepublik für die Opfer von Krieg und Gewaltherrschaft von dem Bildhauer Harald Haacke nachgebaut.

Die »Pietà« nach einer Vorlage von Käthe Kollwitz

1947 wurde der Wörther Platz nach der deutschen Grafikerin und Bildhauerin Käthe Kollwitz benannt, die von 1891 bis 1943 im Haus Kollwitzstraße 58 (damals Weißenburger Straße 25) lebte und arbeitete. Ihr Mann Karl Kollwitz hatte hier seine Arztpraxis. Von 1997 bis 2006 stellte die australische Künstlerin Pat Binder in einem Leuchtkasten vor dem ehemaligen Wohnhaus des Ehepaares zeitgenössische Grafiken und Fotografien aus, die dem humanistischen Geist des Schaffens von Käthe Kollwitz verpflichtet waren. Die Grafiken der Ausstellung befinden sich heute in der Sammlung des Prenzlauer-

Berg-Museums, Prenzlauer Allee 227. Seit Anfang 2007 zeigt das Käthe-Kollwitz-Museum eine frühe Originalgrafik von Käthe Kollwitz in einem neuen Leuchtkasten. Der Bildhauer Gustav Seitz stellte 1960/61 eine in Bronze gearbeitete Käthe-Kollwitz-Plastik in der Mitte des Platzes auf.
Ehrengrab: Friedhof Friedrichsfelde, Eingang Zentralfriedhof, Künstlergräber, 2. Weg rechts, Eingang Gudrunstraße 20, 10365 Lichtenberg, S-/U-Bhf. Lichtenberg
»Mutter mit zwei Kindern«, Fröbelstraße 17, 10405 Prenzlauer Berg, S-Bhf. Prenzlauer Allee
»Pietà – Mutter mit totem Sohn«, Neue Wache, Unter den Linden 4, 10117 Mitte, S-Bhf. Unter den Linden
Kollwitzplatz: 10435 Prenzlauer Berg, U-Bhf. Senefelder Platz
Käthe-Kollwitz-Museum: > S. 108

Jeanne Mammen

Malerin und Graphikerin
Geboren 1890 in Berlin, gestorben 1976 in Berlin
Jeanne Mammen wuchs in Paris auf, studierte dort, in Brüssel und Rom Malerei und kam 1916 nach Berlin zurück. Sie gilt als Zeitzeugin der 20er- und 30er-Jahre und wurde vor allem durch ihre Zeichnungen und Aquarelle des Berliner Großstadtlebens der 20er-Jahre bekannt. Sie schuf unter anderem Porträtgemälde von Rosa Valetti und Valeska Gert sowie Milieubeschreibungen und kritische Zeichnungen. Mammen stellte Frauen in gesellschaftlichen und sozialen Zusammenhängen dar. Diese Aquarelle zeigen Frauen in der Öffentlichkeit, auf Bällen, in Cafés oder in Damenclubs, im Alltag und zu Hause. Ihre Motive fand sie bei Streifzügen durch das Berliner Tag- und Nachtleben. Als eines ihrer Meisterwerke gilt der lithografische Zyklus »Lieder der Bilitis« (1931/32), eine Hommage an die lesbische Liebe. Als eine der wenigen Frauen in der Kunst der neuen Sachlichkeit hatte sich Jeanne Mammen mit der damals tabuisierten Thematik lesbischer Liebe auseinandergesetzt. Ihre Arbeiten entstanden in ihrem Wohnatelier am Kurfürstendamm, in dem sie von 1919 bis 1976 lebte und arbeitete. Eine Gedenktafel am Haus wurde bei der Sanierung des Gebäudes im Jahr 2007 beschädigt. Der Förderverein der Jeanne-Mammen-Stiftung e.V. bemüht sich um eine neue Gedenktafel. Das Wohnatelier von Jeanne Mammen, das original erhalten ist, kann nach Absprache mit dem Förderverein besichtigt werden. Jeanne Mammen ist auf dem Städtischen Friedhof Schöneberg III begraben.

Wohnatelier: Kurfürstendamm 29, 10719 Charlottenburg, U-Bhf. Uhlandstraße; www.jeanne-mammen.de
Grab: Städtischer Friedhof Schöneberg III, Stubenrauchstraße 43–45, 12161 Schöneberg, U-Bhf. Bundesplatz

Ehrengrab von Käthe Kollwitz

Paula Modersohn-Becker

Malerin
Geboren 1876 in Dresden, gestorben 1907 in Worpswede
Die frühexpressionistische Malerin Paula Modersohn-Becker, die unter anderem für ihre ungewöhnlichen Selbstbildnisse berühmt ist, absolvierte von 1897 bis 1898 ihre Ausbildung beim Verein der Berliner Künstlerinnen. Die Künstlerinnenschule befand sich in der Schöneberger Potsdamer Straße 38, heute 98. Während dieser Zeit lebte sie in der Waldemarstraße 52, heute Matterhornstraße. In ihrer Freizeit ging sie oft am nahe gelegenen Schlachtensee spazieren.
Wohnung: Matterhornstraße 16, 14163 Zehlendorf, U-Bhf. Mexikoplatz
Schlachtensee, 14163 Zehlendorf, U-Bhf. Schlachtensee

Verein Berliner Künstlerinnen

Der 1867 gegründete Verein Berliner Künstlerinnen setzt sich auch heute noch für Künstlerinnen ein und vergibt seit 1990 alle zwei Jahre den Marianne Werefkin-Preis an eine bildende Künstlerin. Das kostenpflichtige Archiv bietet Recherchemöglichkeiten zu historischen wie auch zeitgenössischen Künstlerinnen.
Archiv Verein Berliner Künstlerinnen, Dorotheenstr. 90, 2. Hof, 10117 Mitte, www.archiv-vdbk.de
Öffnungszeiten: Montags bis freitags 11–16 Uhr

Renée Sintenis

Bildhauerin

Geboren 1888 in Glatz (Schlesien), gestorben 1965 in Berlin

Mittellos kam Renée Sintenis im Alter von knapp 20 Jahren nach Berlin. Entgegen dem Wunsch ihrer Eltern besuchte sie die Kunstgewerbeschule und begann ihre plastische Tätigkeit mit kleinen, naturgetreuen Figuren. Ihr Interesse galt in erster Linie der Tierdarstellung. 1931 wurde sie Mitglied der Preußischen Akademie der Künste. Ab 1933 hatte sie Ausstellungsverbot. 1947 wurde sie zur Professorin an der Hochschule für bildende Künste in Berlin berufen. Zu ihrem 60. Geburtstag erhielt sie den Kunstpreis der Stadt Berlin, überreicht durch die damals kommissarische Oberbürgermeisterin von Berlin, Louise Schröder. Ihre letzten Lebensjahre verbrachte Renée Sintenis mit Magdalena Goldmann in einem Haus in der Innsbrucker Straße 23. Hier starb Renée Sintenis 1965. Gemeinsam mit ihrer Lebenspartnerin ist sie auf dem Waldfriedhof Dahlem begraben.

Sintenis' Bronzeskulptur »Grasendes Fohlen« von 1929 steht auf dem Renée-Sintenis-Platz in Friedenau, der 1967 nach der Künstlerin benannt wurde. Der »Berliner Bär« von Renée Sintenis aus dem Jahr 1957 (nach einer Skulptur von 1932) begrüßt die BesucherInnen, die mit dem Auto anreisen, am ehemaligen Kontrollpunkt Dreilinden. Nach ihm wurden die Preise der Berliner Filmfestspiele, die Goldenen und Silbernen Bären, geschaffen. Auch vor der Renée-Sintenis-Grundschule im nördlichen Stadtteil Frohnau sind ein Fohlen und ein »Berliner Bär« zu sehen.

Gedenktafel: Innsbrucker Straße 23, 10825 Schöneberg, U-Bhf. Innsbrucker Platz

Ehrengrab: Waldfriedhof Dahlem, Hüttenweg 47, 14169 Dahlem, U-Bhf. Oskar-Helene-Heim

»Grasendes Fohlen«: Renée-Sintenis-Platz, 12159 Friedenau, U-Bhf. Friedrich-WilhelmPlatz

»Bär«: Mittelstreifen am ehemaligen Kontrollpunkt Dreilinden, 14109 Zehlendorf

»Großes stehendes Fohlen«, »Berliner Bär«: Laurinsteig 39, 13465 Reinickendorf, S-Bhf. Frohnau

Julie Wolfthorn

Malerin und Grafikerin

Geboren 1864 in Thorn, gestorben 1944 in Theresienstadt

Julie Wolfthorn gehörte Anfang des 20. Jahrhunderts neben Käthe

Kollwitz und Dora Hitz zu den führenden Künstlerinnen Deutschlands. Sie war bekannt durch ihre Porträts, unter anderem porträtierte sie die Schriftstellerin Gabriele Reuter und die Schauspielerinnen Tilla Durieux, Maria Orska und Carola Neher. Julie Wolfthorn gehörte 1898 zu den Gründungsmitgliedern der Berliner Secession, mit der sich eine Gruppe von bildenden Künstlern unter Vorsitz Max Liebermanns vom konventionellen akademischen Kunstverständnis abspaltete.

»Grasendes Fohlen« von Renée Sintenis

Um die Jahrhundertwende ließ sie sich in Tiergarten nieder und lebt hier über 40 Jahre gemeinsam mit ihrer Schwester Luise im Haus Kurfürstenstraße 50. Beide Schwestern wurden im Oktober 1942 in das Konzentrationslager Theresienstadt deportiert. 2003 wurden vor dem Wohnhaus Stolpersteine zur Erinnerung gesetzt.

Julie Wolfthorn war Schülerin der Luisenschule. Seit 2005 erinnert hier eine Gedenktafel an die prominenten Schülerinnen der Mädchenschule, zu denen auch die Dichterin Paula Dehmel und die Schriftstellerin Else Ury gehörten. Eine U-Bahnhaltestelle weiter, an der Zinnowitzer Straße, wurde im gleichen Jahr eine Straße nach Julie Wolfthorn benannt.

Wohnhaus: Kurfürstenstraße 50, 10785 Tiergarten, U-Bhf. Kurfürstenstraße

Gedenktafel Luisenschule: Ziegelstraße 12, 10117 Mitte, S-Bhf. Oranienburger Straße

Notizen für »Frauen in Berlin«

Frauen in Berlin

Kunstautomat von Svenja Hehner, hier am Neuen Marstall, 1999 bis 2003

Künstlerinnen

Bei einem Spaziergang durch die Stadt trifft man, hält man die Augen offen, auf Kunstwerke made by women – beispielsweise auf Skulpturen von Käthe Kollwitz oder Renée Sintenis. Eine große Malerin des beginnenden 20. Jahrhunderts war Jeanne Mammen, deren Atelier am Kurfürstendamm noch zu besichtigen ist. Mitte der 1980er-Jahre wurde Berlin zum Mekka für subversive KünstlerInnen. Die Mieten waren niedrig und man konnte es sich leisten, sein Leben der Kunst zu widmen. Viele von ihnen machen auch heute noch von sich reden. Svenja Hehner, Bildhauerin und Objektkünstlerin, sezierte unter anderem ihre Textgrafiken auf Transparentpapier zu kleinen Schriftröllchen und bot sie als einzelne Wortpillen in transparente Kapseln gerollt, aus Kunstautomaten zum Kauf an. Die Künstlerinnen Susu Grunenberg und Christiane Wartenberg kreieren begehbare Raumskulpturen mit Live-Darstellungen, wie beim Projekt »Die Hütte«, bei dem sie existenzielle Themen in ein bildnerisches Spannungsfeld setzen, und Martina Minette Dreier widmet sich der Malerei zur Genderthematik. Über Berlins Grenzen hinaus bekannt ist Danielle de Picciotto, die in den 80er-Jahren die Love-Parade mit ins Leben rief. Sie zeichnet, malt, singt, dreht Filme, entwirft Kostüme und organisiert unter anderem Ausstellungen wie »Kunst und Königinnen«, die die Kunst von Frauen in den Mittelpunkt der Aufmerksamkeit rücken.

Andere Arbeiten zeitgenössischer Künstlerinnen sind im Stadtbild dort zu finden, wo man sie spontan nicht vermuten würde – an den Häusern des Bundestages. Die amerikanische Installationskünstlerin Jenny Holzer installierte Kunst am Reichstag, die französische Künstlerin Sophie Calle am Marie-Elisabeth-Lüders-Haus. In der Abgeord-

netenlobby des Reichstags hängt ein großformatiges, fünfteiliges Fotogemälde von Katharina Sieverding.
Engagierten KuratorInnen von Museen und Galerien ist es zu verdanken, dass Kunst von Frauen sichtbar gemacht wird und erhalten bleibt. Die janinebeanGallery, die die Arbeiten zeitgenössischer KünstlerInnen vertritt, organisiert das Projekt »female signs«. Ausschließlich der Kunst von Frauen aus den vergangenen Jahrhunderten widmet sich das Verborgene Museum. Der Verein »Frauenmuseum e.V.« hingegen präsentiert in der »Kommunalen Galerie« die Werke zeitgenössischer KünstlerInnen. Auf den folgenden Seiten führe ich Sie zu den Künstlerinnen, vorbei an Denkmälern und Skulpturen und hinein in Museen und Galerien.

Der Auflösung binärer Geschlechtsformen widmet sich Martina Minette Dreier

Denkmäler, Skulpturen und Installationen

Der verlassene Raum

Denkmal für die deportierten und geflohenen jüdischen BewohnerInnen

Die Bronzeskulptur »Der verlassene Raum« wurde 1996 von dem Bildhauer Karl Biedermann und der Landschaftsarchitektin Eva Butzmann gestaltet. Angedeutet ist ein menschenleeres Zimmer mit Tisch und zwei Stühlen, von denen einer umgestürzt ist. Die Skulptur symbolisiert die gewaltsame Vertreibung der Juden aus ihren Wohnungen und ihre Deportation in die Todeslager. Ein umlaufendes Band zitiert Verse aus einer 1947 erschienenen Gedichtsammlung der Lyrikerin Nelly Sachs: »O die Wohnungen des Todes, einladend hergerichtet, für den Wirt des Hauses, der sonst Gast war. O ihr Finger, die Eingangsschwelle legend, wie ein Messer zwischen Leben und Tod. O ihr Schornsteine. O ihr Finger. Und Israels Leib im Rauch durch die Luft!«

Koppenplatz 10 – 11, 10115 Mitte, U-Bhf. Rosenthaler Platz

Denkmäler für Trümmerfrauen und Aufbauhelferinnen

Nach dem Ende des Zweiten Weltkrieges waren es hauptsächlich Frauen, die Berlin vom Schutt befreiten und wichtige Aufbauhilfe leisteten. Arbeitsfähige Männer waren entweder im Krieg gefallen oder in Kriegsgefangenschaft. 1946 gab es in Berlin mindestens 20.000 »Hilfsarbeiterinnen im Baugewerbe«.
Den sogenannten Trümmerfrauen wurden sowohl in Ost- wie auch in Westberlin Denkmäler gesetzt.

Denkmal der Aufbauhelferin am Roten Rathaus

Seit 1953 steht die »Aufbauhelferin« von Fritz Cremer vor dem Roten Rathaus, seit 1955 die »Trümmerfrau« von Katharina Singer im Volkspark Hasenheide in Neukölln. Während die jugendliche sozialistische Aufbauhelferin vor dem Roten Rathaus energisch und kraftvoll mit geschulterter Schaufel in die Zukunft blickt, hält die mütterliche West-Aufbauhelferin inne. Es scheint, als denke sie über das Vollbrachte nach.

Denkmal der Aufbauhelferin: Rathausstraße/Spandauer Straße vor dem Roten Rathaus, 10178 Mitte, U-Bhf. Alexanderplatz

Denkmal der Trümmerfrau: Volkspark Hasenheide, Nordeingang Graefestraße, 10967 Neukölln, U-Bhf. Hermannplatz

»Kämpfende Ziegen« von Brigitte Jonelat-Saebisch

Die Skulptur von Brigitte Jonelat-Saebisch aus dem Jahr 1967 gab dem Hohenstauffenplatz den Spitznamen »Zickenplatz«.

Kottbusser Damm, Ecke Lachmannstraße, 10967 Kreuzberg, U-Bhf. Schönleinstraße

Trümmerfrau in der Hasenheide

»Sinnende« von Sabina Grzimek

Die Denkerin von Sabina Grzimek lädt im grünen Innenhof der Humboldt-Universität zum Verweilen ein.

Humboldt-Universität, Unter den Linden 6, 10117 Mitte, S-Bhf. Unter den Linden

»Liegendes Paar« von Sabina Grzimek

Das »Liegende Paar« von Sabina Grzimek ruht sich seit 1981 im ältesten Biergarten Berlins aus – im Prater.

Kastanienallee 7–9, 10485 Prenzlauer Berg, U-Bhf. Eberswalder Straße

Theaterstele von Christa Sammler

1983 errichtete die 1932 geborene Christa Sammler gegenüber dem Deutschen Theater eine Stele mit einer Theatermaske in Bronze. Auf der Rückseite steht ein Zitat des Intendanten des Deutschen Theaters, Max Reinhardt: »Die Werke, die wir geerbt haben, immer wieder von Neuem zu erwerben, um sie zu besitzen, bedeutet, sie aus dem Geist unserer Zeit wieder neu zu gebären. Das lebende Theater kann nur lebende Werke gebrauchen, gleichviel, ob sie der Gegenwart oder der Vergangenheit angehören«.

Schumannstraße, in der Grünanlage gegenüber dem Deutschen Theater, 10117 Mitte, S-Bhf. Friedrichstraße

Sessel »Elogio« von Ayşe Erkmen

Die 1949 geborene türkische Künstlerin Ayşe Erkmen errichtete im Jahr 2000 am Max-Liebermann-Haus neben dem Brandenburger Tor eine Skulptur aus Alabaster, den Sessel »Elogio«.
Im Max-Liebermann-Haus wohnte einst der berühmte Maler mit seiner Frau Martha. Max Liebermann starb 1935. Nachdem Martha Liebermann am 5. März 1943 die Aufforderung zur Deportation nach Theresienstadt erhalten hatte, nahm sie eine Überdosis Schlaftabletten und starb fünf Tage später im Jüdischen Krankenhaus. Mitte 2005 wurde in das Pflaster des Gehwegs vor dem Max-Liebermann-Haus ein Stolperstein in Gedenken an Martha Liebermann eingelassen.
Heute hat die Stiftung Brandenburger Tor ihren Sitz im Max-Liebermann-Haus. Im Erdgeschoss und der ersten Etage des Hauses finden jährlich zwei internationale Ausstellungen statt.

Pariser Platz 7, 10117 Mitte, U-Bhf. Unter den Linden

»Am Haus« von Ayşe Erkmen

In Kreuzberg, im Herzen des Bezirks mit dem höchsten Anteil an türkischstämmigen Bewohnern, vollendete Ayşe Erkmen 1994 die Fassadeninstallation »Am Haus«. Sie brachte schwarze Plexiglasbuchstaben an der Fassade eines Eckhauses an, die 40 unterschiedliche Endungen verschiedener türkischer Vergangenheitsformen bilden.

Oranienstraße 18/Heinrichplatz, 10999 Kreuzberg, U-Bhf. Görlitzer Bahnhof

Installation »Am Haus« von Ayşe Erkmen

Installationen und Kunst für den Deutschen Bundestag

Am 20. Juni 1991 beschloss der Deutsche Bundestag, Parlament und Regierung nach Berlin zu verlegen. In den folgenden Jahren entstand im Spreebogen ein neues Parlamentsviertel. Die zuständigen Gremien des Deutschen Bundestages entschieden von Beginn der Planungen an, KünstlerInnen zur Gestaltung der Bauten hinzuziehen.

Kunst-Raum

Neben den »Kunst-am-Bau«-Werken besitzt der Deutsche Bundestag seit 1969 eine eigene Kunstsammlung, die Jahr um Jahr durch Ankäufe erweitert wird. Seit 2005 finden im Kunst-Raum des Marie-Elisabeth-Lüders-Hauses Ausstellungen mit zeitgenössischer Kunst statt. Zur Eröffnung wurde die Fotografieausstellung »Bilder der Macht« von Herlinde Koelbl gezeigt.

Kunst-Raum im Marie-Elisabeth-Lüders-Haus, 10117 Mitte; Zugang über die Spree-Uferpromenade Schiffbauerdamm, U-Bhf. Bundestag
Öffnungszeiten: dienstags bis sonntags von 11–17 Uhr

»Die Entfernung – The Detachment« von Sophie Calle

Das Kunstwerk der 1953 in Paris geborenen Sophie Calle im Marie-Elisabeth-Lüders-Haus besteht aus zwölf Farbfotografien und zwölf Büchern, die die Geschichte im wiedervereinigten Berlin dokumentieren. Alle Fotos weisen Leerstellen auf, die vom Besucher mit Erinnerungen gefüllt werden können.

Marie-Elisabeth-Lüders-Haus, Schiffbauerdamm, 10117 Mitte, U-Bhf. Bundestag

Marie-Elisabeth-Lüders-Haus, benannt nach der Berliner FDP-Politikerin (1878 – 1966)

»Installation für Reichtagsgebäude« von Jenny Holzer

Die 1950 geborene amerikanische Künstlerin Jenny Holzer installierte in der Nordeingangshalle des Reichstagsgebäudes auf einer Stele digitale Leuchtschriftbänder. Sie zeigen Reden von Reichstags- und Bundestagsabgeordneten aus der Zeit von 1871 bis 1992. Parlamentarische Zwischenrufe werden durch wiederholtes Aufblinken kenntlich gemacht.

Reichstag, Platz der Republik 1, 11011 Mitte, U-Bhf. Bundestag

Rauminstallation von Katharina Sieverding

Die 1944 geborene Düsseldorfer Künstlerin Katharina Sieverding hat bereits im Jahre 1992 die Gedenkstätte für die ermordeten, verfolgten und verfemten Reichstagsabgeordneten der Weimarer Republik für das Reichstagsgebäude gestaltet. Das großformatige, fünfteilige Fotogemälde zu den Themen Zerstörung und Wiedergeburt ist in der Abgeordnetenlobby ausgestellt.

Reichstag, Platz der Republik 1, 11011 Mitte, U-Bhf. Bundestag

Das Raumwerk »ARK« von Ann Holyoke Lehmann

Die 1951 geborene amerikanische Künstlerin Ann Holyoke Lehmann hat die Gesamtgestaltung des Großen Sitzungssaales im Deutschen Bundestag und seines Vorraumes sowie der Schrifttafeln im Haupttreppenaufgang übernommen. Worte aus dem Alten Testament dienen als Leitfaden für Form und Inhalt dieser Arbeit.

Deutscher Bundestag, Unter den Linden 71, 10117 Mitte, S-Bhf. Unter den Linden

Die Besichtigung der Kunstwerke in den verschiedenen Bundestagsgebäuden ist nur mit frühzeitiger schriftlicher Anmeldung für Kunst- und Architekturführungen möglich. Weitere Informationen auf der Homepage des Bundestags oder beim Besucherdienst.

www.bundestag.de, Tel. 030–227 32152

Das Deutsche Historische Museum mit Pei-Bau

Die Museen

Mit dem Museumspass zu 19 Euro kann man an drei aufeinander folgenden Tagen die Staatlichen Museen besuchen. Sonderausstellungen müssen extra gezahlt werden. Eine andere Möglichkeit zum günstigen Museumsbesuch bietet sich donnerstags an. An diesem Tag ist in der Zeit von 18 – 22 Uhr der Museumsbesuch kostenlos. Im Hamburger Bahnhof, Museum für Gegenwartskunst, ist der Eintritt von 14 – 18 Uhr frei.
Eine Übersicht über Berliner Museen und Galerien gibt es auf der Website: www.museumsportal-berlin.de.
Nachfolgend finden Sie eine Auswahl von Museen und Galerien, die Kunst von Frauen zeigen:

Berlinische Galerie

Landesmuseum für Moderne Kunst, Fotografie und Architektur
Das Museum besitzt das Hannah-Höch-Archiv und zudem mehrere Werke der Malerin Jeanne Mammen und der Fotografin Yva.
Jeden ersten Montag im Monat 2 Euro. Freier Eintritt für Kinder und Jugendliche bis 18 Jahre. Ermäßigter Eintritt gegen Vorlage eines Tickets des Jüdischen Museums Berlin am Tag des Erwerbs und an den zwei folgenden Tagen.
Alte Jakobstraße 124 – 128, 10969 Kreuzberg, Bus M29, Haltestelle: Waldeckpark; Öffnungszeiten: täglich außer dienstags 10 – 18 Uhr, www.berlinischegalerie.de

Die Berlinische Galerie mit Werken von Hannah Höch

Das verborgene Museum

Dokumentation der Kunst von Frauen e.V.

Das 1986 gegründete Museum zeigt vornehmlich Arbeiten von bildenden Künstlerinnen vergangener Jahrhunderte, darunter zahlreiche Fotografinnen der 1920er-Jahre. Die Ausstellungen werden durch Zusatzveranstaltungen wie Lesungen, Vorträge und Musik ergänzt.

Schlüterstraße 40, 10625 Charlottenburg, S-Bhf. Savignyplatz
Öffnungszeiten: donnerstags und freitags 15 – 19 Uhr, samstags 12 – 16 Uhr, www.dasverborgenemuseum.de

Die Lipperheidesche Kostümbibliothek in der Kunstbibliothek

Die Kostümbibliothek ist die weltweit größte Fachsammlung zur Kulturgeschichte der Kleidung und Mode. Rund 40.000 Bücher und Zeitschriftenbände aus dem 16. Jahrhundert bis zur Gegenwart sowie Handschriften, Gemälde, grafische Zeichnungen und Fotografien sind der Öffentlichkeit zugänglich. Die Kuratorin Adelheid Rasche organisiert regelmäßig Sonderausstellungen, in denen beispielsweise Modeschöpfer, Modefotografie oder Mannequins im Mittelpunkt stehen.

Kulturforum Potsdamer Platz, Kunstbibliothek, Matthäikirchplatz 8, 10785 Tiergarten, Bus M29, Haltestelle: Potsdamer Brücke
Öffnungszeiten: montags 14 – 20 Uhr, dienstags 9 – 16 Uhr

Museum für Film und Fernsehen

Das Museum zeigt deutsche Filmgeschichte. Man begegnet den großen Diven der Stummfilmzeit, betrachtet alte Filme, wandert durch Filmkulissen, bewundert Filmkostüme, besucht den Marlene-Dietrich-Saal und arbeitet sich von den Anfängen des Filmschaffens zu den Filmen der heutigen Zeit vor.

Haus Deutsche Kinemathek – Museum für Film und Fernsehen
Potsdamer Straße 2, 10785 Tiergarten, U-Bhf. Potsdamer Platz
Öffnungszeiten: dienstags bis sonntags 10–18 Uhr, donnerstags 10–20 Uhr, www.filmmuseum-berlin.de

Im Museum für Film und Fernsehen

Frauenmuseum e.V.

Der Verein Frauenmuseum wurde 1995 gegründet und zeigt etwa zweimal im Jahr in der Kommunalen Galerie zeitgenössische Kunst von Frauen.

Kommunale Galerie, Hohenzollerndamm 176, 10713 Wilmersdorf, U-Bhf. Fehrbelliner Platz
Öffnungszeiten: dienstags bis freitags, 10–17 Uhr, sonntags 11–17 Uhr. Eintritt frei, www.frauenmuseumberlin.de

Georg-Kolbe-Museum

Sammlung von Renée Sintenis

Das Georg-Kolbe-Museum befindet sich im Atelierhaus des 1947 verstorbenen Bildhauers Georg Kolbe, das 1928/29 erbaut wurde. Es besitzt eine große Sammlung von Renée Sintenis' Werken, von denen einige Stücke ausgestellt sind. Im ehemaligen Maleratelier befindet sich das Café K, von dem aus man einen schönen Ausblick auf den Skulpturengarten hat. Mehr zu Renée Sintenis > S. 88

Sensburger Allee 25, 14055 Grunewald, S-Bhf. Heerstraße
Öffnungszeiten: dienstags bis freitags 10 – 17 Uhr, sonntags 11 – 17 Uhr, www.georg-kolbe-museum.de

Der Hamburger Bahnhof, Museum der Gegenwart

Hamburger Bahnhof

Museum für zeitgenössische Kunst

Anfang der 1990er-Jahre wurde der Hamburger Bahnhof als Museum der Gegenwart ausgebaut. Es gehört zur Neuen Nationalgalerie. Oberkustodin Britta Schmitz organisiert die Ausstellungen im Hamburger Bahnhof und betreut den Bestand der Nationalgalerie.

Invalidenstraße 50 – 51, 10557 Mitte, S-Bhf. Hauptbahnhof
Öffnungszeiten: dienstags bis freitags 10 – 18 Uhr, samstags 11 – 20 Uhr, sonntags 11 – 18 Uhr, www.hamburgerbahnhof.de

Jeanne-Mammen-Saal im Torhaus des Campus Max-Delbrück

Im Max-Delbrück-Centrum für Molekulare Medizin werden in einer Dauerausstellung Gemälde und Skulpturen von Jeanne Mammen gezeigt. Eine Besichtigung des Jeanne-Mammen-Saales ist in der Regel an Arbeitstagen zwischen 9 und 18 Uhr nach Voranmeldung möglich.

Anmeldung: warmbrunn@bbb-berlin.de, Tel.: 030–9489 37 20
Zentrum und Skulpturenpark Max-Delbrück-Zentrum, Robert-Rössle-Straße 10, 13125 Buch, S-Bhf. Buch

Jeanne-Mammen-Atelier

Der Förderverein der Jeanne-Mammen-Stiftung e.V. unterhält das Jeanne-Mammen-Wohnatelier am Kurfürstendamm in seinem Originalzustand. Das kleine Museum kann nach Absprache mit dem Förderverein besichtigt werden. Mehr zu Jeanne Mammen > S. 86f.

Anmeldung: info@jeanne-mammen.de, Tel.: 030–881 87 53
www.jeanne-mammen.de
Förderverein Jeanne-Mammen-Stiftung e.V., Kurfürstendamm 29, 10719 Charlottenburg, U-Bhf. Uhlandstraße

Georg-Kolbe-Museum mit Skulpturengarten

Käthe-Kollwitz-Museum

Das 1986 gegründete Käthe-Kollwitz-Museum wird von einem engagierten Förderverein getragen. Die Exponate stammen aus der Sammlung des 1993 verstorbenen Galeristen und Kunstsammlers Hans Pels-Leusden. Auf vier Etagen sind die Skizzen, Zeichnungen und Skulpturen von Käthe Kollwitz zu sehen. Mehr zu Käthe Kollwitz > S. 84ff.

Fasanenstraße 24, 10719 Charlottenburg, U-Bhf. Uhlandstraße
Öffnungszeiten: täglich außer dienstags 11 – 18 Uhr, www.kaethe-kollwitz.de

Neue Nationalgalerie

Das Gebäude wurde 1968 nach einem Entwurf von Mies van der Rohe fertiggestellt. Arbeiten von KünstlerInnen des Kubismus, des Expressionismus, des Bauhaus und des Surrealismus sind die Schwerpunkte der ständigen Ausstellung. Zum Bestand gehören unter anderem vier Werke von Hannah Höch, vier von Dora Hitz, fünf von Käthe Kollwitz, 77 von Renée Sintenis und ein Bild von Jeanne Mammen. Die Exponate sind jedoch nur gelegentlich ausgestellt.
Im Foyer der Nationalgalerie laufen unter der Decke Lichtbänder der US-amerikanischen Konzeptkünstlerin Jenny Holzer. Die leuchtende Schrift verkündet Lebensweisheiten, die Jenny Holzer selbst verfasst hat. Die Lichtinstallation »Project for the Nationalgalerie« wurde 2001 explizit für das Haus der Neuen Nationalgalerie konzipiert.

Potsdamer Straße 58, 10785 Tiergarten, Bus M29, Haltestelle Potsdamer Brücke, www.neue-nationalgalerie.de
Öffnungszeiten: täglich außer montags 10 – 18 Uhr, donnerstags bis 22 Uhr, freitags und samstags bis 20 Uhr.

Im Foyer der Neuen Nationalgalerie leuchten Laufbänder von Jenny Holzer

Die Künstlerin Marie Lou im Atelier

Die Galerien

Galerie an Galerie reiht sich im Dreieck Oranienburger Tor, Rosenthaler Platz und Weinmeisterstraße in Mitte. Hier sind beispielsweise die »Kunstwerke« in der Auguststraße 69 zu Hause oder »C/O Berlin, International Forum for Visual Dialogues« im Postfuhramt an der Oranienburger Straße/Tucholskystraße. Beide Galerien präsentieren zeitgenössische Kunst und zeigen ungewöhnliche Arbeiten internationaler KünstlerInnen.
Weitere Ausstellungsräume finden sich in den Galeriehäusern in Kreuzberg im Dreieck Zimmerstraße, Lindenstraße und Kochstraße. Im April 2008 wurde ein weiterer Kunst-Campus eröffnet. Am Hamburger Bahnhof entstand die »Halle am Wasser«, die als das neue Zentrum für zeitgenössische Kunst gilt.
www.gallerypark.de, www.galerien-berlin.de

alpha nova – kulturwerkstatt & galerie futura

Weibliche Visionen in Kultur, Politik und Kunst e.V.
Die Galerie Futura zeigt Ausstellungen zeitgenössischer Künstlerinnen. In der Kulturwerkstatt finden Autorinnen-Lesungen, Buchpremieren sowie Konzerte statt.
Wiesbadener Str. 83, 12161 Friedenau, U-Bhf. Friedrich-Wilhelm-Platz
Öffnungszeiten: dienstags bis donnerstags 15–18 Uhr; freitags 16–19 Uhr, www.alpha-nova-kulturwerkstatt.de

Galerie Bremer

Die 1946 von Anja Bremer gegründete Galerie bezog 1955 die Ausstellungsräume in Charlottenburg. Weil das Hinterzimmer kaum Tageslicht hatte, funktionierten es die Galeristin und ihr Mann Rudolf van der Lak in eine Bar um. Anja Bremer starb 1985, Rudolf van der Lak führte die Galerie und die dazugehörige Cocktailbar bis zu seinem 84. Lebensjahr weiter. Nach seinem Tod im Jahr 2006 übernahm Rolf Rohlow die Galerie-Bar. Im Bestand befinden sich Werke von Jeanne Mammen, die jedoch nicht immer ausgestellt sind. In der Cocktailbar haben auch schon Hildegard Knef, Steffi Graf, Jil Sander und Alice Schwarzer den einen oder anderen Drink zu sich genommen.

Fasanenstraße 37, 10719 Charlottenburg, U-Bhf. Uhlandstraße
Öffnungszeiten: täglich ab 16 Uhr, www.galerie-bremer.de

Galerie Neugerriemschneider

Die Galerie vertritt unter anderem die Künstlerinnen Isa Genzken, Antje Majewski, Elizabeth Peyton und Sharon Lockhart.

Linienstraße 155, 10115 Mitte, U-Bhf. Oranienburger Tor
Öffnungszeiten: dienstags bis samstags 11 – 18 Uhr
www.neugerriemschneider.com

Galerie Thomas Schulte

Die Installationskünstlerin Rebecca Horn, die Fotokünstlerin Katharina Sieverding und die Berliner Malerin Iris Schomaker werden von der Galerie vertreten. Die Bilder von Iris Schomaker sind in einer ständigen Ausstellung zu sehen.

Charlottenstraße 24, 10117 Mitte, U-Bhf. Stadtmitte
Öffnungszeiten: dienstags bis samstags 12 – 18 Uhr
www.galeriethomasschulte.de

Galerie weib-art

Der Frauentreffpunkt Schmiede gibt Frauen, die ihre Kunst noch nie der Öffentlichkeit gezeigt haben, in der Galerie weib-art die Möglichkeit, ihre Werke zu präsentieren.

Richardplatz 28, 12055 Neukölln, U-Bhf. Neukölln
Öffnungszeiten: montags bis donnerstags 9 – 18 Uhr, freitags 9 – 14 Uhr

Inselgalerie

Die Inselgalerie ist ein Projekt des gemeinnützigen Vereins Berliner Fraueninitiative Xanthippe. Die Frauengalerie wurde 1995 in der Inselstraße mit dem Anliegen eröffnet, Ostberliner Künstlerinnen eine Präsentationsmöglichkeit zu geben. Inzwischen ist die Ost-West-

Trennung überwunden, das Programm der Inselgalerie ist offen für alle Künstlerinnen und Kunststile. Ausgestellt wird sowohl bildende als auch angewandte Kunst, wie Bühnenbild, Illustration oder künstlerisches Handwerk. 2002 bezog die Inselgalerie Räume in der Torstraße.

Torstraße 207, 10115 Mitte, U-Bhf. Oranienburger Tor
Öffnungszeiten: dienstags bis freitags 13.30–18.30 Uhr, samstags 13–17 Uhr, www.inselgalerie-berlin.de

janinebeangallery

Die janinebeangallery wurde 2004 gegründet und zeigt zeitgenössische Kunst. Die Kuratorin Janine Bean legt Wert auf Ausstellungen und Projekte mit besonderen Titeln und Themen. Zu den Projekten der Galerie gehören: »female signs« sowie »Power and Pussy« – eine geplante Ausstellung zum Thema Frauen und Macht. Das Projekt »female signs« präsentiert ausschließlich Künstlerinnen und möchte damit die femininen Seiten der Kunst zeigen.

Torstraße 201, 10115 Mitte, U-Bhf. Oranienburger Tor
Öffnungszeiten: montags bis samstags 12–19 Uhr; dienstags und donnerstags nur bis 16.30 Uhr, www.janinebeangallery.com

Ausstellungsräume der janinebeangallery

Jet

Projektraumleiterin Lena Ziese lädt einmal im Jahr KünstlerInnen verschiedener Disziplinen ein, sich mit einem thematisch übergeordneten Thema auseinanderzusetzen.

Memhardstraße 1, 10178 Mitte, U-Bhf. Weinmeisterstraße
Öffnungszeiten: donnerstags bis samstags 16 – 19 Uhr, www.j-e-t.org

Mai.Foto

Ute Langkafel zeigt in ihrer Produzentinnen-Galerie Fotokunst und lädt zu Veranstaltungen ein.

Dresdener Straße 18, 10999 Kreuzberg, U-Bhf. Kottbusser Tor
www.maifoto.de

Merry Karnowsky Gallery

In Los Angeles führt Merry Karnowsky seit mehr als zehn Jahren eine der wichtigsten Galerien für Pop-Surrealismus. Die Galeristin vertritt einige der bedeutendsten und erfolgreichsten KünstlerInnen der »Lowbrow«-Bewegung, wie beispielsweise Camille Rose Garcia, Todd Schorr und Shepard Fairey.

Torstraße 175, 10115 Mitte, U-Bhf. Rosenthaler Platz
www.mkgallery.com

Sammlung Hoffmann

Die private Sammlung zeitgenössischer Kunst befindet sich auf zwei Etagen in den umgebauten Räumen eines ehemaligen Fabrikgebäudes. Seit dem Tod ihres Mannes führt die Sammlerin Erika Hoffmann das Wohnmuseum allein weiter.

Sophie-Gips-Höfe, Aufgang C, Sophienstraße 21, 10178 Mitte, U-Bhf. Weinmeisterstraße
Jeden Samstag finden zwischen 11 und 16 Uhr Führungen statt (nach Anmeldung), die etwa 1,5 Stunden dauern, Eintritt: 8 Euro
Telefon: 030–284 991 20, www.sammlung-hoffmann.de

Strychnin Gallery

Seit 2005 gibt es die Galerie von Yasha Young in Berlin. Sie ist Anlaufstelle für LiebhaberInnen des Pop-Surrealismus. In den Räumlichkeiten finden neben Ausstellungen auch Konzerte, Lesungen und Performances statt. Strychnin ist auch in New York und London vertreten.

Boxhagener Straße 36, 10245 Friedrichshain, U-Bhf. Frankfurter Tor,
www.strychnin.com

studioxxberlin

Die Ausstellungsmacherin Lena Braun kuratiert Projekte mit zeitgenössischer Kunst made in Berlin an verschiedenen Orten der Stadt. Lena Braun machte sich durch ihre Projekträume Galerie Bichette, Galerie Loulou Lasard, Boudoir, Barbie Deinhoff's und studioxxberlin einen Namen. Aktuelle Ausstellungen entnehmen Sie bitte der Website.
www.studioxxberlin.de

Zwinger Galerie

Die Galerie Zwinger vertritt beispielsweise die Künstlerin Käthe Kruse, die in den 1980er-Jahren mit der Band »Die tödliche Doris« Furore machte. Die Band hatte sich einem genialen Dilettantismus verschrieben. Der eine sang, der andere spielte Gitarre, Geige oder Akkordeon, und Käthe Kruse spuckte zwischendurch immer mal wieder Feuer. Mit ihren selbst gedrehten Super-8-Filmen und einer Mixtur aus monotonem Sprechgesang und minimalistischen Melodien tourte das Trio um die Welt. Die Vergangenheit spiegelt sich auch heute noch in den Arbeiten von Käthe Kruse wider. Sie ist davon überzeugt, dass das Gestern in die Gegenwart ragt und es verdient, aus immer neuen Perspektiven betrachtet zu werden.
Gipsstraße 3, 10119 Mitte, U-Bhf. Weinmeisterstraße
Öffnungszeiten: dienstags bis freitags 14 – 19 Uhr, www.zwinger-galerie.de

Danielle de Picciotto

Danielle de Picciotto: Berlin ist widerborstig

Danielle de Picciotto ist Amerikanerin. Oder amerikanische Berlinerin, wie sie sagt. Die multimediale Künstlerin verbindet in ihrer Arbeit Musik, Malerei, Zeichnen, Film und Live-Performances. Danielle de Picciotto wurde in Washington geboren, zog unzählige Male um und studierte in New York. Sie absolvierte jedoch nie ein reines Kunststudium, sondern interessierte sich fachübergreifend für Kostüm und Malerei. Es waren schon immer die Gegensätze, die sie faszinierten.

1985 kam Danielle de Picciotto zum ersten Mal nach Berlin. Sie hatte den Koffer für zwei Urlaubswochen gepackt. Doch von Anfang an war sie so begeistert von der Stadt, dass sie nicht wieder in die USA zurückging. »Berlin war damals New York sehr ähnlich, hier war genauso viel Kunst und Kreativität, aber es war nicht so gefährlich und teuer«, sagt sie. Sie zog in eine Kreuzberger Fabriketage, wo sie mit den Kreativen der Subkultur in Kontakt kam. Dort lernte sie Matthias Roeingh alias Dr. Motte kennen und entwickelte gemeinsam mit ihm die Idee zur Love Parade. Ihr Anliegen war es, die Kreativität der Subkultur, die hauptsächlich nachts ihren Ausdruck fand, ans Licht zu bringen. Dr. Motte, DJ elektronischer Sounds, kümmerte sich um die Musik, Danielle de Picciotto war für die Ausstattung und Kostüme verantwortlich. 1989 zog die erste Love Parade durch Berlin. Als sie 2006 zum letzten Mal in Berlin stattfand, war Danielle de Picciotto schon lange nicht mehr dabei. Als das Fest der Subkultur zum Mainstream wurde, hatte es für sie den Reiz verloren. Ein weiteres Projekt initiierte sie mit der Musikerin Gudrun Gut. Sie gründeten den Ocean

Club, einen »Ort im Club«, an dem Musik und Kunst miteinander verschmolzen. Für das Goethe-Institut fuhr sie nach Hong Kong, Japan und Italien, um Berliner Kunst über ihre Grenzen hinauszubringen. Danielle de Picciotto präsentiert ihre Kunst in Galerien und kuratiert Ausstellungen. Gemeinsam mit ihrem Ehemann Alexander Hacke, Bassist bei den Einstürzenden Neubauten, kreiert sie audio-visuelle Live-Performances, bei denen beide ihre Musik mit Bildern und Texten verbinden.

Danielle de Picciotto über ihr Berlin:

Die erste Wohnung ...
war in einer Fabriketage in einer Künstlerwohngemeinschaft in Kreuzberg.

Das Besondere der Stadt ...
dass Berlin niemals in irgendeiner Form spießig werden kann. Berlin ist in seiner Grundstruktur borstig und unangepasst.

Typisch berlinerisch ...
sind die Berliner. Sie sind grundsätzlich stur, frech und trotzig.

Der schönste Stadtteil ...
ist Wedding. Hier lebe ich und finde noch die Ursprünglichkeit, die ich gesucht habe, als ich nach Berlin kam. Hier herrscht ein pragmatischer Lebensstil, es gibt unglaublich schöne Gebäude, tolle alte Architektur und verträumte Ecken.

Berlin ist am schönsten ...
im Winter, wenn es kalt ist und schneit.

Eine Kuriosität ...
ist der Prater. Eigentlich ist es ein Biergarten, hat aber eher Caféhausatmosphäre. Zudem ist es ein Konglomerat aus Volksbühne, dem Club Bastard, einem altdeutschen Restaurant, einer kleinen, komplett weiß gehaltenen Champagnerbar und einem Raum, der der kanadischen Künstlerin Laura Kikauka geschenkt wurde, in dem sie eine ständige Installation hat. Hier treffen eigenartige Sachen in einem konventionellen Biergarten aufeinander.

Mein Berlin ...
finde ich im Haus Schwarzenberg. Im Kino Central kann man seltene Filme sehen, die Galerie stellt Arbeiten ungewöhnlicher KünstlerInnen aus, in den Geschäften kann man besondere Geschenke kaufen und an heißen Sommertagen im Garten Kaffee trinken. Und das alles im Zusammenhang mit dem Anne-Frank-Museum. Hier ist die Vergangenheit mit der Gegenwart verwoben.

Berlin in einem Satz ...
Berlin ist eine Herausforderung, die, wenn man sich ihr stellt, viele ungewöhnliche Erlebnisse möglich macht.

»No Peace for the Damned« von Danielle de Picciotto

Eindrücke von der Vielfältigkeit der Künstlerin vermittelt die Homepage:
www.danielledepicciotto.com

Haus Schwarzenberg

Im Haus Schwarzenberg haben sich seit 1995 etwa zwei Dutzend unterschiedlicher Einrichtungen angesiedelt. Unter seinem Dach befinden sich Künstlerateliers, das Programmkino Central, das Anne Frank Zentrum, ein Zentrum für Jugendarbeit, Bars und Gewerbebetriebe. Das Haus wird vom Verein Schwarzenberg verwaltet. Das Anne Frank Zentrum wurde 1994 gegründet. Seit 1996 ist hier die ständige Ausstellung »Anne Frank. hier & heute« zu sehen.
Rosenthaler Straße 39, 10178 Mitte, S-Bhf. Hackescher Markt
www.haus-schwarzenberg.org und www.annefrank.de

janinebeangallery

Danielle de Picciotto wird von der janinebeangallery vertreten.
Die Kuratorin bietet ihren Künstlerinnen Ateliers hinter den Galerieräumen an. In regelmäßigen Abständen finden Kunst-Tee-Salons statt, bei denen die KünstlerInnen ihre Arbeiten vorführen.
Torstraße 201, 10115 Mitte, U-Bhf. Oranienburger Tor
www.janinebeangallery.com

Love Parade

1989 war die Love Parade noch eine Demonstration der Berliner Untergrundszene. Zu elektronischen Beats zeigten unter anderem auch Künstlerinnen wie Fiona Bennett oder Christa Raspe ihre Mode und verrückten Schmuck-Arrangements. Erst mit den Jahren wurde der Umzug, der in der Subkultur geboren wurde, zum Mainstream. Nach ständig steigenden Besucherzahlen wurde die Route vom Kurfürstendamm auf die Straße des 17. Juni verlegt. Bis zu einer Million und mehr AnhängerInnen elektronischer Musik reisten in den Hochzeiten nach Berlin, um das »Fest der Liebe« zu feiern. Es gab viele Diskussionen über verdreckte Straßen, die Müllbeseitigung und den Aspekt des bislang als »politische Demonstration« angemeldeten Umzugs. 2006 zog die Love Parade nach zweijähriger Pause zum letzten Mal durch Berlin, heute wird sie im Ruhrgebiet gefeiert.

Die Künstlerin Marie Lou in der janinebeangallery

Ocean Club
Das Projekt wurde unter anderem von der Musikerin Gudrun Gut und Danielle de Picciotto ins Leben gerufen. Anfangs fungierte der Ocean Club als »Club im Club« und war ein offener Ort, an dem Kunst und Musik vorgestellt wurden. Heute ist der Ocean Club eine Radiosendung für elektronische Musik auf RadioEins, die von Gudrun Gut moderiert wird.
Jeden zweiten Samstag von 1 Uhr bis 5 Uhr auf RadioEins, UKW 95,8
www.oceanclub.de

Prater
Der Prater ist der älteste Biergarten Berlins und bietet seit 1837 Bier und Berliner Küche für Sonnenhungrige an. Bei Regen finden die Gäste in der geräumigen Gaststube Platz.
1992 wurde die Volksbühne am Prater eröffnet, die zweite Spielstätte der Volksbühne vom Rosa-Luxemburg-Platz. Die Galerie am Prater, eine der ältesten kommunalen Galerien der Stadt, zeigt rund hundert Ausstellungen im Jahr, die Diskothek Bastard-Club ist ein beliebter Treffpunkt für Studierende und an der Champagnerbar gibt es Getränke für gehobene Ansprüche. Im ehemaligen Hedge-Club hat die kanadische Künstlerin Laura Kikauka einen festen Ausstellungsraum.
Kastanienallee 7–9, 10485 Prenzlauer Berg, U-Bhf. Eberswalder Straße, www.pratergarten.de

Wedding

Danielle de Picciotto lebt im Wedding. Für sie verkörpert er das ursprüngliche Berlin und einen Stadtteil voller Gegensätze. Der Wedding ist ein ehemaliger Arbeiterbezirk und wurde früher der »rote Wedding« genannt. Seit 2001 bildet er mit Tiergarten und Mitte den neuen Bezirk Mitte. Die Bezirksfusionen sind jedoch im Herzen der BerlinerInnen nicht angekommen. Kreuzberger leben weiterhin in Kreuzberg und nicht in Kreuzberg-Friedrichshain, Prenzl'berger wohnen in Prenzlauer Berg und nicht in Pankow und ein Weddinger wohnt eben im Wedding und nicht in Mitte.
Viele leerstehende Ladengeschäfte und niedrige Mieten locken zunehmend junge Kreative an. Verlassene Fabrikhallen werden zu Galerien, in denen große, repräsentative Vernissagen und Ausstellungen stattfinden, wie zum Beispiel in den OsramHöfen in der Oudenarder Straße 16 am U-Bahnhof Seestraße.
Wedding: U-Bahnhöfe Gesundbrunnen, Leopoldplatz, Amrumer Straße und Seestraße

Tipp

Wer sich ein nicht ganz ernst zu nehmendes Bild vom Wedding machen möchte, sollte ins Prime Time Theater gehen und sich die Theater-Soap »Gutes Wedding – Schlechtes Wedding ansehen«. Bitte unbedingt einige Tage vorher Platzkarten reservieren.
Müllerstraße 163 (Eingang Burgdorfstraße), 13353 Wedding, S-/U-Bhf. Wedding, Tel. 030–49907958, www.primetimetheater.de

Im Berliner Prime Time Theater läuft die Theater-Soap »Gutes Wedding – Schlechtes Wedding«

Ohne Voranmeldung kann die Reichstagskuppel täglich zwischen 8 und 22 Uhr besichtigt werden

Sightseeing

Berliner Reichstag

1894 wurde das Reichstagsgebäude durch Kaiser Wilhelm II. eingeweiht. Nachdem Frauen 1919 erstmals das Wahlrecht erhielten, zogen ein Jahr später 36 Politikerinnen in den Reichstag ein. Gut die Hälfte davon waren Sozialdemokratinnen, darunter Louise Schröder, die bis 1933 dem Reichstag angehörte. Nach der Machtübernahme durch die Nationalsozialisten erhielt die Kommunal- und Sozialpolitikerin Berufsverbot. Erst nach 1945 war Louise Schröder wieder politisch aktiv. Sie war Berliner Bürgermeisterin von 1946 bis 1947, amtierende Oberbürgermeisterin 1947/1948 sowie Bürgermeisterin West-Berlins zwischen 1949 und 1951. 1957 wurde sie als erste Frau zur Ehrenbürgerin Berlins ernannt. Für die KPD kämpfte Clara Zetkin als eine der ersten Frauen im Reichstag gegen die nationalsozialistische Machtübernahme.

Im Jahr 1995 war der Berliner Reichstag Publikumsmagnet und Ausflugsziel für viele Kunstinteressierte. Das Künstlerehepaar Jeanne-Claude und Christo verhüllte das Gebäude mit 100.000 Quadratmeter feuerfestem Polypropylengewebe, das mit einer Aluminiumschicht überzogen und mit einem 15.600 Meter langen Seil befestigt war. Das Spektakel ist letztlich der damaligen Bundespräsidentin Rita Süssmuth zu verdanken, die es hartnäckig gegenüber Kritikern wie Helmut Kohl und Wolfgang Schäuble verteidigte. Am 19. April 1999 wurde die Reichstagskuppel eingeweiht, von der aus man einen Panoramablick über die Stadt genießen kann. In der Kuppel befindet sich das Café Käfer. Wer sich dort einen Platz reserviert, kann die obligatorische Warteschlange zur Besichtigung des Gebäudes umgehen.

Café Käfer im Reichstagsgebäude, Platz der Republik 1, 11011 Mitte, S-Bhf. Unter den Linden

Reservierung: kaeferreservierung.berlin@feinkost-kaefer.de, Tel.: 030–226 299 33

Europa-Center

Dort, wo heute das Europa-Center steht, befand sich von 1913 bis 1943 das Romanische Café, ein Treffpunkt der literarischen, künstlerischen, musischen und cineastischen Szene Berlins. Hier kehrte man nicht ein, weil der Kuchen so gut schmeckte, schreibt Birgit Haustedt in »Die wilden Jahre in Berlin«, sondern weil es Teil des Jobs war. Es ging ums Sehen und Gesehen werden. Regelmäßige Gäste waren unter anderem Renée Sintenis, Mascha Kaléko, Anita Berber und Else Lasker-Schüler. Das Romanische Café wurde auch liebevoll Wartesaal genannt, denn wer hierher kam, wartete entweder auf einen guten Einfall, auf den Ruhm oder einfach auf jemanden, der ihm eine Tasse Kaffee spendierte. Ein Bombenangriff im November 1943 zerstörte das Café.

Das Europa-Center, so wie es sich heute präsentiert, entstand zwischen 1963 und 1965 – damals noch mit einer großen Eislaufbahn. An der Eröffnung im Frühjahr 1965 nahm Romy Schneider teil, deren Stiefvater, der Hotelier Hans-Herbert Blatzheim, die Gastronomie verantwortete. Hier lernte sie ihren späteren Ehemann Harry Mayen kennen.

Europa-Center, Tauentzienstraße/Breitscheidplatz, 10789 Charlottenburg, U-Bhf. Kurfürstendamm, www.europa-center-berlin.de

Frauenviertel in der Gartenstadt Rudow

Die Neubausiedlung auf den Rudower Feldern im Stadtteil Neukölln ist das erste reine »weibliche Wohnviertel« Deutschlands. Alle 20 Straßen, Wege und Plätze tragen seit dem 1. November 1996 die Namen von Frauen. Geehrt werden damit Frauen, die sich um Deutschland und Berlin verdient gemacht haben. Der Benennung gingen zum Teil heftige Diskussionen voraus. Die Gegner der Initiative wollten nicht wahrhaben, dass es genügend Frauen gab, die diese Ehre verdient hätten. Doch natürlich fanden sich Frauen – wie zum Beispiel die »Mütter des Grundgesetzes«, Helene Weber, Helene Wessel, Elisabeth Selbert und Friederike Nadig. Bei einem Ausflug in das Neubaugebiet mit den ein- bis vierstöckigen Reihenhäusern am Stadtrand von Schönefeld, lohnt sich ein Spaziergang zum ehemaligen Mauerstreifen. Über die Schönefelder Straße gelangt man zur Dahmestraße, die zum Mauerradweg gehört. Zu Fuß, mit dem Rad oder auf Inlineskates erreicht man den ehemaligen Grenzkontrollpunkt Waltersdorfer Chaussee, den Fernreisende bis 1989 passieren mussten, um zum Flughafen Schönefeld zu gelangen.

In einigen Bezirken der Stadt werden Straßen mittlerweile nur noch nach Frauen benannt – wie etwa in Mitte, wo inzwischen rund 50 Frauennamen verewigt sind.
U-Bhf. Rudow, Bus 371 bis Endhaltestelle Schönefelder Straße

Frauenviertel in Friedrichshain
2006 erhielten die sieben Straßen rund um die Multifunktionsarena Namen berühmter Frauen wie Tamara Danz, Valeska Gert oder Mildred Harnack. Seit 2008 bietet die Arena für bis zu 17.000 Besucher Konzerte, Sport und Unterhaltung.
S-Bhf. Ostbahnhof oder U-/S-Bhf. Warschauer Straße

Elisabeth Selbert (1896–1986)war eine der vier Mütter des Grundgesetzes, Lieselotte Berger (1920–1989) CDU-Politikerin

Holocaust-Mahnmal

Stelenfeld und Ort der Information

1988 regte die Publizistin Lea Rosh den Bau eines Denkmals für die von den Nazis ermordeten Juden an und gründete den Förderkreis »Denkmal für die ermordeten Juden Europas e.V.«, dessen Vorsitzende sie wurde. 17 Jahre später konnte das Denkmal nach langer Diskussion über dessen würdige Umsetzung der Öffentlichkeit übergeben werden.

Einen 1994 ausgerufenen Wettbewerb zur Gestaltung des Mahnmals gewannen die Amerikaner Peter Eisenman (Architekt) und Richard Serra (Bildhauer). Ihre Idee eines Stelenfeldes wurde um den Vorschlag ergänzt, zusätzlich einen Ort der Information zu errichten, der über den Holocaust aufklärt. Das gestalterische Gesamtkonzept dafür entwickelte die Ausstellungsarchitektin Dagmar von Wilcken. Mahnmal und Ort der Information wurden am 10. Mai 2005 an der Cora-Berliner-Straße eröffnet. Cora Berliner war Wirtschaftswissenschaftlerin und stellvertretende Vorstandsvorsitzende im Jüdischen Frauenbund. Nach ihrer Entlassung aus dem Staatsdienst 1933 arbeitete sie als Leiterin der Auswanderungsabteilung bei der Reichsvereinigung der Juden in Deutschland. Am 26. Juni 1942 wurde sie zusammen mit anderen führenden MitarbeiterInnen der Reichsvereinigung nach Theresienstadt deportiert. Das Mahnmal besteht aus 2.711 Stelen. Es ist rund um die Uhr geöffnet.

Öffnungszeiten Ort der Information: dienstags bis sonntags von 10–20 Uhr. Der Eintritt ist frei, Cora-Berliner-Straße 1, 10117 Mitte, S-Bhf. Unter den Linden, www.stiftung-denkmal.de

Stelenfeld zum Gedenken an die ermordeten Jüdinnen und Juden

Rathaus Schmargendorf

Der Architekt Otto Kerwien ließ das Gebäude 1900 bis 1902 im Stil der märkischen Backsteingotik mit Jugendstilelementen erbauen. Das burgähnliche Äußere des dreistöckigen Gebäudes lockt Paare aus dem In- und Ausland zum Heiraten nach Berlin. Hier sollte 1975 auch die Schauspielerin Romy Schneider ihren Lebensgefährten Daniel Biasini heiraten. Aber das Leben schrieb eine andere Geschichte: Die Hochzeit war für den 18. Dezember geplant. Die Standesbeamtin Sylvia Benke erinnert sich, dass Romy Schneider Sorge hatte, dass die Fans das Rathaus stürmten. »Sie hat uns ein bisschen ausgetrickst. Es lag ein ärztliches Attest vor, und der Standesbeamte ist dann in ein Hotel gefahren, wo er Romy Schneider tatsächlich mit einem großen Gipsbein vorfand. Die Eheschließung wurde vor Ort durchgeführt, die Eintragung erst einmal dort unterschrieben und dann im Rathaus registriert. Der Gips war Show. Ich glaube, abends hat sie schon wieder getanzt.« Das besagte Hotel Gerhus, in dem die Trauung stattfand, ist heute das Schlosshotel in Grunewald.

Rathaus Schmargendorf, Berkaer Platz 1, 14199 Schmargendorf, Bus M29, Haltestelle: Roseneck

Schloss Charlottenburg

Der Stadtteil Charlottenburg ist der Königin Sophie Charlotte gewidmet, die von 1668 bis 1705 lebte. 1684 heiratete sie den Kurfürsten von Brandenburg, der ihr 1696 Gut Lietzow als Sommerresidenz schenkte. Die 1701 zur Königin gekrönte Kurfürstin ließ das Anwesen nach ihren Plänen von dem Architekten Johann Arnold Nering im Stil des italienischen Barocks ausbauen. Nach ihrem Tod benannte der König Gut Lietzow und die es umgebende Siedlung in Charlottenburg um und baute das Schloss zu einer repräsentativen Dreiflügelanlage aus. Ab 1797 wohnte Königin Luise von Preußen mit ihrer Familie während der Sommermonate im Neuen Flügel des Schlosses. Die Königin, die im Alter von 34 Jahren an Lungenentzündung starb, fand 1810 ihre letzte Ruhestätte im Mausoleum des Parks. 80 Jahre später wurde Augusta, deutsche Kaiserin und Königin Preußens, ebenfalls im Mausoleum beigesetzt.

Schloss Charlottenburg, Spandauer Damm 20–24, 14059 Charlottenburg, U-Bhf. Richard-Wagner-Platz, www.schlosscharlottenburg.de

Amazone zu Pferde

Der preußische Bildhauer Louis Tuaillon schuf zwischen 1890–1895 die lebensgroße Bronzeplastik. Die Amazone galt als eine Überraschung auf der Großen Berliner Kunstausstellung des Jahres 1895. Denn erst nach Meldeschluss war das Werk des damals kaum bekannten Künstlers, das er in Rom geschaffen hatte, unter die Exponate gelangt. Wenig später kaufte es die Nationalgalerie an, 1898 wurde es aufgestellt. Kaiser Wilhelm II. veranlasste 1904 einen überlebensgroßen Abguss der Kriegerin (drei Meter lang, 1,50 Meter breit und 5,50 Meter hoch) anzufertigen und ließ ihn auf einem Muschelkalksockel im Großen Tiergarten aufstellen. Der Tiergarten ist mit rund 210 Hektar der größte Berliner Park. Er wurde 1818 von dem Landschaftsarchitekten Peter Joseph Lenné gestaltet.

Amazone zu Pferde, Abguss, Großer Tiergarten, Ecke Straße des 17. Juni/Ben-Gurion-Straße, Bus 100, Haltestelle: Platz der Republik

Die Frau mit der Doppelaxt: die Amazone vom Tiergarten

Original

Alte Nationalgalerie

In der von Eduard Neide 1879/80 geschaffenen Gartenanlage ist das Original der Amazone zu sehen.

Museumsinsel, Bodestraße 1–3, 1078 Mitte; Bus 100, Haltestelle: Lustgarten

Denkmal der Königin Luise

Das Königin-Luise-Denkmal wurde von dem Bildhauer Erdmann Encke in weißem Marmor geschaffen und am 10. März 1880 im Großen Tiergarten enthüllt.

Tiergarten, Bus 200, Haltestelle: Tiergartenstraße

Neptunbrunnen am Fuße des Fernsehturms

Neptunbrunnen

Einer der schönsten Brunnen Berlins steht am Fuße des Fernsehturms am Alexanderplatz. Ursprünglich von dem Bildhauer Reinhold Begas vor dem Stadtschloss erbaut, wurde er 1969 an seinen jetzigen Standort versetzt. Die üppigen Frauen am Rande des Beckens verkörpern die Flüsse Rhein, Oder, Elbe und Weichsel. Der Rhein wird mit Weinlaub und Fischnetz dargestellt, die Weichsel mit Holzklötzen, die Oder mit Ziegen und Schafffellen und die Elbe trägt Früchte und Ähren.

Alexanderplatz gegenüber vom Roten Rathaus, 10178 Mitte, U-/S-Bhf. Alexanderplatz

Siegessäule

Die Siegessäule oder »Goldelse«, wie die Berliner sagen, wurde zwischen 1869 und 1873 von dem Architekten Heinrich Strack erbaut. Die 68 Meter hohe Sandsteinsäule, auf der die rund acht Meter hohe, vergoldete Bronzeskulptur der Siegesgöttin Viktoria mit leicht gespreizten Flügeln und vom Winde aufgeblähtem Mantel steht, bildet am Großen Stern den Mittelpunkt des Tiergartens. Die Skulptur wurde von dem Bildhauer Friedrich Drake geschaffen. Ursprünglich hatte Drake eine nackte Viktoria im Sinn – stieß damit jedoch bei Kaiser Wilhelm I. auf energischen Widerstand. Viktorias Kopf ziert ein preußischer Helm, der mit einem Adler geschmückt ist. Dieser kennzeichnet Viktoria gleichzeitig als Borussia – eine Frauengestalt, die Sinnbild für Preußen ist. 258 Stufen müssen erklommen werden, um der Siegesgöttin näher zu kommen. In 53 Meter Höhe bietet die Aussichtsplattform einen hervorragenden Blick über Berlin.

Straße des 17. Juni, Bus 100, Haltestelle: Großer Stern

Prinzessinnengruppe von Schadow im Schinkelmuseum

Bis zum Ende des Zweiten Weltkrieges war die neugotische Friedrichswerder'sche Kirche, die zwischen 1824 und 1831 von Karl Friedrich Schinkel erbaut wurde, ein Gotteshaus. Die im Krieg stark beschädigte Kirche wurde zum 200. Geburtstag Schinkels (1781 – 1841) von 1979 bis 1986 saniert. Anlässlich der 750-Jahr-Feier Berlins im Jahr 1987 wurde das Gebäude als Dependance von Nationalgalerie und Schinkelmuseum für das Publikum geöffnet. Im Kirchenschiff sind Werke klassizistischer Bildhauer der Berliner Schule ausgestellt. Besonders bekannt ist die sogenannte Prinzessinnengruppe von Schadow, geschaffen 1850 von dem Bildhauer Johann Gottfried

Schadow. Diese Skulptur, die Königin Luise (1776 – 1810) neben ihrer Schwester Friederike (1778 – 1841) zeigt, verbarg König Friedrich Wilhelm III. wegen ihrer erotischen Anmutung lange vor der Öffentlichkeit.

Werderscher Markt, 10117 Mitte, U-Bhf. Spittelmarkt

Siegessäule mit Göttin Viktoria

Die Schokofabrik, Frauenkulturzentrum in Kreuzberg

Hier und Jetzt

Das weibliche Who-is-Who der Stadt hat einiges zu bieten: Da gibt es die erfolgreiche Fernsehproduzentin Regina Ziegler, die Eiskunstläuferin Katharina Witt oder die ehemalige Schwimmweltmeisterin Franziska van Almsick, die 1978 in Ostberlin geboren wurde, heute aber in Heidelberg lebt. Die Schauspielerinnen Katharina Thalbach und Tochter Anna wurden ebenfalls im Ostteil der Stadt geboren, siedelten jedoch 1976 nach Westberlin über. Auch die Kabarettistin Désirée Nick ist gebürtige Berlinerin und feiert mit ihrer Berliner Schnauze große Bühnenerfolge. Musikalisch erfolgreich ist die kanadische Sängerin Peaches, ebenso Wahlberlinerin wie die Sängerin und Entertainerin Gayle Tufts, die mit ihren Performances in »Dinglish«, einem Sprachmix aus Deutsch und Englisch, seit 1991 Karriere macht. Im Literaturbetrieb steht die Schriftstellerin Christa Wolf ganz vorne. Sie wurde 1929 in Landsberg an der Warthe geboren und wohnt seit 1976 in Berlin in der Künstlerkolonie Amalienpark im Bezirk Pankow. Zum Kunstforum Amalienpark gehören Ateliers, eine Galerie, ein Literaturforum und eine Kunstwerkstatt, in der Workshops angeboten werden.

In Berlin sind rund 51 Prozent der BewohnerInnen Frauen. Wohl kaum eine andere Stadt in Deutschland hat so viele Frauenprojekte, Frauenzentren, Beratungsstellen und kulturelle Angebote zu bieten wie die Hauptstadt. Frauen verschiedener Nationen, unterschiedlicher sexueller Orientierungen und mit den verschiedensten Lebensentwürfen finden hier ihre Nischen.

Es gibt Frauennetzwerke, ein feministisches Frauengesundheitszentrum, Frauenmessen, Unternehmerinnentage, Musikerinnentreffen, Kinotage für Frauen, den Mädchen-Zukunftstag und Frauenbeauftragte an den Universitäten.

Die Universitäten werden seit dem Jahr 2000 durch die Hochschulverträge gedrängt, mehr Wissenschaftlerinnen einzustellen. Das macht Sinn, denn obwohl Frauen die Mehrheit unter den Studierenden bilden, sind die Professorenstellen überwiegend mit Männern besetzt. Die Freie Universität gilt mit rund 25 Prozent Frauen in der Professorenschaft zwar als bundesweite Spitzenreiterin, deswegen steht das Kürzel FU jedoch noch lange nicht für Frauen-Universität. An der Humboldt-Universität sieht es mit knapp 20 Prozent Frauen bei den Professorenstellen schon ein wenig schlechter aus, und Schlusslicht der Berliner Unis ist die Technische Universität mit fast 13 Prozent.

Eine Frauenquote wäre sicherlich auch bei der Verleihung der Ehrenbürgerschaft angebracht. Seit 1759 werden Menschen ausgezeichnet, die sich »in hervorragender Weise um Berlin verdient gemacht haben« – darunter sind gerade mal fünf Frauen. 1957 erhielt die Politikerin Louise Schroeder als erste Frau diese Auszeichnung, es folgten Marie-Elisabeth Lüders, Nelly Sachs und Anna Seghers. Marlene Dietrich wurde erst anlässlich ihres 10. Todestages 2002 zur Berliner Ehrenbürgerin ernannt.

Mädchen beim Girls' Day im Fraunhofer Institut

Frauen, die Großes für die Stadt leisten, gibt es genug. Ein Beispiel ist die in Berlin lebende Rechtsanwältin und Frauenrechtlerin Seyran Ateş, die sich für Integration und die Rechte türkischer Frauen einsetzt. Aufgrund ihres Einsatzes für ihre Klientinnen wurde Seyran Ateş mehrfach von Prozess-Verfahrensgegner bedroht. Im August 2006 gab sie vorübergehend ihre Anwaltszulassung zurück. Mittlerweile arbeitet sie wieder als Rechtsanwältin und setzt ihre politische Arbeit fort.

Unbequeme Frauen sind niemals die erste Wahl, wenn es darum geht, außergewöhnliches Engagement zu würdigen. Problemlos hingegen war 2007 die Benennung einer Kreuzberger Stadtteilbibliothek nach Else Ury, die als Autorin der konservativen »Nesthäkchen«-Bücher berühmt wurde. Ebenfalls im Dezember 2007 schlug die CDU-Bezirksverordnete Marion Halten-Bartels vor, eine Stadtteilbibliothek in Charlottenburg nach Alice Schwarzer zu benennen. Rote und grüne PolitikerInnen sperrten sich jedoch vehement gegen den Vorschlag, weil sie Alice Schwarzer ihre Haltung zum Thema Prostitution verübelten. Denn während die Frauenrechtlerin darin einen Verstoß gegen die Menschenwürde sieht, wollen SPD und Grüne die Prostitution legalisieren und in Berlin die Schließung von Wohnungsbordellen stoppen. Bordelle sind gewiss keine Errungenschaft der Frauenbewegung, auch wenn sie Prostituierten den sicheren Rahmen zur Ausübung ihres Berufes geben. Errungenschaften der Frauenbewegung sind die Freiräume, die Frauen für sich geschaffen haben, um ein selbstbestimmtes Leben führen zu können. Der Ausflug in das Berlin des 20. und 21. Jahrhunderts beginnt in den 1980er-Jahren, als Frauen vier Häuser in Berlin besetzten, die noch heute Wohnraum für »women only« bieten.

Das Hexenhaus in Kreuzberg wurde 1981 besetzt

Häuserkampf um Frauenhäuser

»The future is female«, »Frauen leben, lieben, arbeiten« – diese Slogans hatten sich in den häuserkampfbewegten 80er-Jahren Berliner Hausbesetzerfrauen auf ihre Fahnen geschrieben. Linksautonome, feministische, alternative, politische, homo- und heterosexuelle Frauen aus Westdeutschland und Berlin zogen gemeinsam in den Häuserkampf. Sie besetzten 1981 drei Häuser in Kreuzberg und ein Haus in Schöneberg. Ende 1981 waren in Westberlin 148 Häuser besetzt, vier davon von Frauen. Nicht zu vergessen das von Frauen okkupierte Café Winterfeld am Winterfeldplatz, das 1984 geräumt wurde und die von den »Ritterinnen« besetzte Wohnung in der Kreuzberger Ritterstraße. Im Sommer 1984 wurde das letzte besetzte Haus in Berlin geräumt. Die von Frauen okkupierten Häuser wurden allesamt legalisiert, entweder durch Kauf oder durch Mietverträge.

Auch heute noch werden die Häuser von Frauen verwaltet. In den drei Wohnprojekten leben überwiegend Lesben, die Schokofabrik in Kreuzberg ist Frauen- und Kulturzentrum geblieben und Wohnprojekt geworden.

Im Oktober 2007 wurde ein weiteres Haus für Frauen bezugsfertig. Das Haus vom BeginenWerk e.V. hat 53 Eigentumswohnungen für Frauen. Wie die ehemals besetzten Häuser ist auch das Beginenhaus nicht als anonymes Wohnhaus zu verstehen, sondern verfolgt mit großen Gemeinschaftsflächen, Garten und Dachterrasse den kollektiven Gedanken eines Wohnprojektes.

Wohnen ...

»Hexenhaus« – Liegnitzer Straße 5, 10999 Kreuzberg
»Die Naunyn« – Naunynstraße 58, 10999 Kreuzberg
»Schoko« – Schokofabrik, Mariannenstraße 6, 10997 Kreuzberg
»Potse« – Potsdamer Straße 139, 10783 Schöneberg
»Beginenhaus« – Erkelenzdamm 52–57, 10999 Kreuzberg
»Schwarzer Kanal« – Wagenburg Schwarzer Kanal
Seit mehr als 15 Jahren gehört der »Frauen-Lesben-Transgender-Platz« zu den ältesten Wagenburgen in Berlin. Die WagenburglerInnen leben in Wohnwagen, und ihr Zuhause ist zugleich kultureller, sozialer und politischer Anlaufpunkt für die linke Szene. Regelmäßig werden Queer-Varietes, Konzerte, Volksküchen, Performances und Solipartys veranstaltet.
Michaelkirchstraße 20, 10179 Mitte, U-Bhf. Heinrich-Heine-Straße

Instandsetzung des besetzten Hauses in der Liegnitzer Straße

Weiberwirtschaft

»Es gibt einen Ort in Berlin, der Frauen Raum gibt, aber auch Männern den Hof macht« – die Weiberwirtschaft, das größte Gründerinnenzentrum Europas, entstand 1996 in Berlin in der VEB Kosmetik (Volkseigener Betrieb Kosmetik). Das Gründerinnenzentrum bietet seitdem auf rund 5.500 m² Fläche rund 60 Unternehmerinnen, Vereinen und Verbänden einen Platz zum Arbeiten. Infrastruktureinrichtungen wie Kindertagesstätte, Kantine und Tagungsbereiche runden das Konzept ab. Eine Genossenschaft mit über 1.500 Frauen ist Trägerin der Weiberwirtschaft.

Anklamer Straße 38, 10115 Mitte, U-Bhf. Bernauer Straße
www.weiberwirtschaft.de

Das Frauengründerinnenzentrum Weiberwirtschaft

Frauen auf dem CSD in den 80er-Jahren

Hauptstadt-Lesben

Wer in Berlin eine moderne Lesbenbar sucht, sucht vergebens. Die legendären 70er-Jahre-Discos Pour Elle und Die Zwei sowie die 80er-Jahre-Discothek Lipstick gehören längst der Vergangenheit an. Ebenso reine Frauenkneipen wie der Blocksberg, von 1975 bis 1981 die erste Frauenkneipe Berlins, das Paramount in der Hauptstraße oder das Café Pelze-MultiMedia in der Potsdamer Straße 139, das in den 1980er-Jahren eine innovative und experimentierfreudige Begegnungsstätte für Künstlerinnen war.

Raum für Frauen bieten heute nur die Kultur- und Begegnungsstätte BEGiNE in der Potsdamer Straße und das alkohol- und drogenfreie Café Seidenfaden. Die Bar Together, die von der ehemaligen Betreiberin des Pour Elle bewirtet wird, bietet den Frauen eine Heimat, die sich in der modernen Clubkultur nicht wohlfühlen, aber dennoch das Tanzbein schwingen wollen. Doch auch hier sind schon längst nicht mehr alle Tage den Frauen vorbehalten. »Männer in Begleitung von Frauen erwünscht« garantieren das finanzielle Überleben der ehemaligen Women-only-Hoheitsgebiete. Angesagt sind in Berlin Frauentage in ansonsten heterogenen Bars und Clubs, feste Partyreihen in verschiedenen Locations, in kleinerem Rahmen stattfindende Sexpartys oder aber auch der Besuch einer queeren Bar, in denen Lesben mit Lesben, Lesben mit Schwulen und Homos mit Heteros auf ein unkompliziertes Miteinander anstoßen.

Da ging es in den Goldenen 20ern in Berlin schon anders zu. In dem ersten Frauenbuch für Berlin aus dem Jahr 1928, »Berlins lesbische Frauen«, zählt die Autorin Ruth M. Roelling 14 Bars und Cafés, wo sich »das Lesbiertum Berlins« traf, um »sich frei von jeder gesellschaftlichen oder beruflichen Rücksicht einmal für kurze Stunden unter sich zu fühlen. Berlin ist verhältnismäßig reich an diesen heimlichen und nur meist eingeweihten Zusammenkunftsorten, die sich von der gewöhnlichsten Klappe über die Tanzdiele, die internationale Bar bis zum ziemlich exklusiven Club erstrecken«. Hier wurden die Lila Nächte gefeiert und mit dem Café Domino in der Marburger Straße, dem Violetta im Nationalhof in der Bülowstraße und dem Toppkeller in der Schweriner Straße 13 hatte Berlin mehr Lesbenbars als heute, in denen jedoch auch damals schon männliche Gäste willkommen waren. »Der Topp ist ein Frauenlokal, in dem Herren als Zechenmacher nicht nur geduldet sondern ganz gerne gesehen werden. Denn das eine steht fest: Frauen sind selten Trinkerinnen großen Stils, und der Wirt muss auch leben«, schrieb Ruth M. Roelling.

Das SO36 öffnet erst am Abend seine Pforten

In anderen Lokalitäten wie dem Eldorado in der Martin-Luther-Straße oder dem Dorian Gray in der Bülowstraße 57 feierten an festen Frauentagen Frauenclubs mit Namen wie Klub Monbijou, Lustige 7 oder Die silberne Spinne ihr »Fest der Insel Lesbos«, das »Monokelfest« oder den »verkehrten Ball«.
Heute tanzt die Szene freitags oder samstags zu verschiedenen Partys an wechselnden Orten. Und »immer wieder sonntags« schieben sich lesbische, schwule und heterosexuelle Paare im Café Fatal im Standardtanzversuch über die Tanzfläche, singen über »99 Luftballons« oder »wollen nicht aus Liebe weinen«. Diese Party findet im Kreuzberger SO36 statt, einem alten Kino der 20er- und einem Punk-Schuppen der 80er-Jahre. Das »Esso« – so der Szeneslang – steht für gute Partys, lesbisch-schwules Engagement und immer noch für das ein oder andere Punk-Konzert.
So wie der »Sub Opus 36 e.V.« (SO36) das Flagschiff für lesbisch-schwule Aktivitäten im Westen der Stadt ist, so ist es im Ostteil der Stadt der Sonntags-Club e.V. Der Verein trägt diesen Namen seit 1987 und war der erste öffentliche Club für Lesben und Schwule im Berlin der ehemaligen DDR. Homosexualität war zwar nicht verboten, und für Männer gab es auch die eine oder andere Bar in der Friedrichstraße, in die sich dann und wann auch mal eine Frau verirrte. Doch für Lesben gab es kein öffentliches Leben in Kneipen oder Bars. Sie kamen unter dem Dach der evangelischen Kirche zusammen, wie die Lesbengruppe in der Gethsemanekirche im Prenzlauer Berg, oder sie trafen sich privat. Diese Freundschaftsclubs wiederum initiierten das ein oder andere Fest, das via Buschfunk von Lesbe zu Lesbe getragen wurde. 1979 sollte das erste Lesbentreffen in der DDR in den Räumlichkeiten von Charlotte von Mahlsdorf in Marzahn stattfinden. Rund 100 Lesben reisten an, wurden am Treffpunkt jedoch von der Polizei erwartet, die die Zusammenkunft verhinderte. Die Frauen verteilten sich auf Restaurants und Privatwohnungen. Erst als einige umtriebige Damen, unter ihnen die Historikerin und Gründerin des Sonntags-Clubs, Ursula Sillge, einen Club der FDJ (Freie Deutsche Jugend) in der Veteranenstraße entdeckten, dessen Leitungsteam homosexuell war, hatten sie ihren ersten inoffiziellen Versammlungsort, der sich durch Mund-zu-Mund-Propaganda in der Szene verbreitete. Jeden Sonntag trafen sich dort Lesben und Schwule zu gemeinsamen Aktivitäten, zum Plaudern und zum Feiern. Sie gaben ihren Treffen den Namen »Sonntags im Club«, aus dem später der Sonntags-Club wurde. »Nicht nur für Lesben und Schwule«, lautete der Namenszu-

satz. Damit sollte Offenheit gegenüber Heterosexuellen signalisiert werden, weil den InitiatorInnen von amtlicher Seite der Vorwurf gemacht wurde, sie wollten ein Ghetto für Lesben und Schwule aufbauen. Heute beherbergt der Sonntags-Club, ganz in alter Tradition, viele Gruppen unter einem Dach, betreibt ein Café und veranstaltet Partys.

Mit Maueröffnung wurde den von Partys verwöhnten Westberlinerinnen mit der Großraumdisco Busche ein bis dahin noch nicht gekanntes Partyvergnügen beschert. In einer Großraumküche, in der zu DDR-Zeiten wochentags für Kindergärten und LPGs (Landesproduktionsgemeinschaften) gekocht wurde, feierten seit Ende der 80er-Jahre am Wochenende Lesben und Schwule ihre Partys. Gut aufgelegte DJs erfüllten Plattenwünsche, sagten Titel und Interpreten an, gratulierten zu Geburtstagen und kreierten mit Musik aus den Top Ten der vergangenen Jahre die wohl ungewöhnlichsten Clubnächte der lesbisch-schwulen Szene. Diese Tradition setzt sich nun im Haus B am Warschauer Platz 18 in Friedrichshain fort.

Mittlerweile gibt es im Ostteil der Stadt, vornehmlich in Friedrichshain, Mitte und Prenzlauer Berg, genauso viele Veranstaltungsorte für Frauen wie im Westteil der Stadt – Kneipen mit Frauentagen und Partys von unterschiedlichen Veranstalterinnen an immer wechselnden Orten.

Manche der Partys für Lesben halten sich über Jahre, wie »L-Tunes« der Veranstalterinnen »megadykes«, andere sind für kurze Zeit der Geheimtipp schlechthin, andere wiederum ergattern keinen Platz in den Top 3 der Ausgehcharts. Es ist eine Herausforderung, die sich ständig wandelnde Clubszene im Auge zu behalten und zudem noch zu wissen, welche der Partys die wirklich angesagte ist. Hier helfen nur Experimentierfreude und Mut zum Risiko, um in den Genuss einer gelungenen Nacht zu kommen.

Orientierungshilfe bietet die »Siegessäule«, das Stadtmagazin für Lesben und Schwule, mit aktuellen Treffpunkten und Partyterminen.

Das DJ Team »Mädchen in Uniform« bei der Teddyparty in der Raststätte Gnadenbrot

AUF DEN SPUREN ...

Frauencafés und Frauenbars

Angebote nur für Frauen, Frauencafés und Partys gibt es regelmäßig in den verschiedenen Frauenzentren. Die Adressen finden Sie im Serviceteil.

BEGiNE – Treffpunkt & Kultur für Frauen e.V.

Die BEGiNE ist ein kultureller Treffpunkt im ehemals besetzten Haus in der Potsdamer Straße. Jeden zweiten Samstag ist Frauenparty.
Öffnungszeiten: montags bis freitags ab 17 Uhr, samstags ab 19 Uhr, Potsdamer Straße 139, 10783 Schöneberg, U-Bhf. Bülowstraße
www.begine.de

Café Seidenfaden

Alkohol- und drogenfreies Café
Dircksenstraße 47, 10178 Mitte, S-Bhf. Hackescher Markt

Queens – Eventtreff und Club

mit Bar, Restaurant und Clubnächten am Wochenende
Der neue Frauentreff öffnet voraussichtlich im Oktober 2009.
Pappelallee 65, 10437 Prenzlauer Berg, U-Bhf. Eberswalder Straße
www.queens-berlin.de

Together

Traditionelle Lesbenbar mit Tanzfläche
Hohenstauffenstraße 53, 10779 Schöneberg, U-Bhf. Viktoria-Luise-Platz

Bars und Clubs mit Frauentagen

Himmelreich

Am Frauenabend legen DJs ihre Lieblingsmusik auf.
Dienstags: Womens' lounge
Simon-Dach-Straße 36, 10245 Friedrichshain, S-Bhf. Warschauer Straße

Möbel Olfe

»Gefallene Elfen« heißt der zumeist sehr exzessive Frauenabend in der Olfe, der Trinkhalle am Kottbusser Tor, der unregelmäßig am Montag stattfindet. Weibliche DJs sorgen für den Soundtrack des Abends.
Reichenberger Straße 177, 10999 Kreuzberg, U-Bhf. Kottbusser Tor
www.moebel-olfe.de

Raststätte Gnadenbrot

Queerer Szeneladen mit kleinen und feinen Speisen
Jeden ersten Donnerstag im Monat Fossilientreffen (ältere Lesben)
Martin-Luther-Straße 20a, 10777 Schöneberg, U-Bhf. Nollendorfplatz, www.raststaette-gnadenbrot.de

Frauenfreitag im Sonntags-Club

»Sonntags im Club« war der erste offizielle Treffpunkt für Lesben und Schwule in der DDR. Heute findet man im Sonntags-Club ein Café, Partys, Beratungen, Filme, Ausstellungen und mehr. Jeder Freitag ist Frauenfreitag mit Karaoke, Filmen, Lesungen oder Party.
Greifenhagener Straße 28, 10437 Prenzlauer Berg, U-Bhf. Schönhauser Allee, www.sonntags-club.de

Queere Bars

Barbie Deinhoffs

Queere Subkultur – Bar mit Performances und Turntable-Musik.
Schlesische Straße 16
10997 Kreuzberg, U-Bhf. Schlesisches Tor
www.barbiedeinhoff.de

Raststätte Gnadenbrot, der Schöneberger Treffpunkt

Barbie Bar

Pate für den Namen ist die Bar aus dem Film »Life according to Agfa«
Mehringdamm 7, 10965 Kreuzberg, U-Bhf. Mehringdamm
www.barbiebar.de

Bierhimmel

Café-Bar mit guten Torten
Oranienstraße 183, 10999 Kreuzberg, U-Bhf. Kottbusser Tor

Drama

Drinks und Partys
Mehringdamm 63, 10965 Kreuzberg, www.dramabar.de

Marianne

Die Bar in der Schokofabrik wird von einem Frauenkollektiv betrieben, ist aber für alle jeden Tag, außer am Dienstag, ab 18 Uhr geöffnet. In unregelmäßigen Abständen laden die Betreiberinnen zu Partys, Lesungen oder Konzerten ein.

Mariannenstraße 6, 10997 Kreuzberg, U-Bhf. Görlitzer Bahnhof
www.marianne-berlin.de

Melitta Sundström

Café-Bar

In memoriam an die Polittunte Melitta Sundström, die 1993 an den Folgen von Aids starb.

Mehringdamm 61, 10961 Kreuzberg, U-Bhf. Mehringdamm

Das Roses hat bis in die frühen Morgenstunden auf

provinz

Café und Kultur

Bingo, Lesungen, Wohnzimmer-Radio und Musik

Bouchéstraße 79a, 12435 Treptow, S-Bhf. Treptower Park
www.provinz-berlin.de

Rausch-Gold

Bar, in der regelmäßig Feste und Partys stattfinden.
Mehringdamm 62, 10961 Kreuzberg, U-Bhf. Mehringdamm
www.rauschgold-berlin.de

Roses

Plüschig-trashige Bar
Geöffnet ab 21 Uhr
Oranienstraße 187, 10999 Kreuzberg, U-Bhf. Kottbusser Tor

Schall und Rauch

Café, Bar, Restaurant, Pension
Gleimstraße 23, 10437 Prenzlauer Berg, U-Bhf. Schönhauser Allee
www.schall-und-rauch.de

Tanzen und Swingen:

Frauen 3000

Das Ficken 3000, so der eigentliche Name, ist ein schwuler Club mit Darkroom. Jeden zweiten Montag im Monat findet im Ficken 3000 eine Frauenparty statt.
Urbanstraße 70, 10967 Kreuzberg, U-Bhf. Hermannplatz
www.ficken3000.com

Girls Town

Alle zwei Monate jeden zweiten Samstag im Monat.
Zwei Dancefloors mit Elektro und Tekkno sowie Rock & Pop
Kino International, Karl-Marx-Allee 33, 10178 Mitte, U-Bhf. Schillingstraße, www.girlstown-berlin.de

L'ectro

Elektro-Party nur für »Mädchen«
Mädcheninternat, Prenzlauer Allee 246. 10405 Prenzlauer Berg, U-Bhf. Rosa-Luxemburg-Platz
Monatlicher Termin auf www.maedcheninternat.net

L-Tunes – The L-Party
Jeden zweiten Freitag im Monat ab 22 Uhr
Musik: Elektro, Pop und Rock
SchwuZ, Mehringdamm 61, 10961 Kreuzberg, U-Bhf. Mehringdamm, www.megadyke.de

Mermaids
Jeden dritten Samstag im Monat – von Mai bis August – feiern die Mermaids ihre Indie-Pop-Elektro-Party.
Dot Club, Falckensteinstraße 47, 10997 Kreuzberg, U-Bhf. Schlesisches Tor, www.mermaids-party.de

Milkshake
Party mit elektronischem Sound
Berghain Kantine, Am Wriezener Bahnhof, 10243 Friedrichshain, S-Bhf. Ostbahnhof, www.milkshakegirls.de

Poopsy Club
Queer attack mit Live Acts
Festsaal Kreuzberg, Skalitzer Straße 133, 10999 Kreuzberg, U-Bhf. Kottbusser Tor, www.poopsyclub.com

Serene Bar
Samstags: Girls dance
Musik: Charts und Nostalgie
Schwiebusser Straße 2, 10961 Kreuzberg, U-Bhf. Platz der Luftbrücke, www.serenebar.de

The Mondo Klit Rock Club
Frauen-Party in einem ehemaligen Kreuzberger Kino der 1950er und -60er-Jahre.
Zwei Dancefloors: Disco- und Clubsounds sowie Elektro.
Lido, Cuvrystraße 7, 10997 Kreuzberg, U-Bhf. Schlesisches Tor
Termine auf: www.myspace.com/themondoklitrockclub

SO36
Im SO36 gibt es Veranstaltungen aller Art: Partys, Kiez-Bingo, Nachtflohmarkt, Konzerte
www.so36.de

Ausgesuchte Partys im SO 36:

Gayhane

House of Halay für Lesben und Schwule
Jeden letzten Samstag im Monat ab 23 Uhr
Orient meets Okzident bei orientalischen Beats und Bauchtanz

Café Fatal

Unkonventioneller Standardtanz für Lesben und Schwule. Spaßfaktor garantiert.

Immer wieder sonntags
Oranienstraße 190, 10999 Kreuzberg, U-Bhf. Kottbusser Tor

Sexpartys

Auf der Suche nach der Sexpartyszene für Frauen führt der Weg an »Sexclusivitäten«, dem ältesten Sex-Dienstleistungsunternehmen für Frauen, und seiner Gründerin Laura Méritt, Autorin, Kommunikationswissenschaftlerin und selbsternannte Sexpertin, nicht vorbei. Jeden Freitag lädt sie ein zum »sexclusiven Damensalon«, wo man über Sex plaudern und sich über aktuelle Partys informieren kann. Lauras Kaufladen bietet Sexspielzeuge aus aller Welt an, »insexive« fachfraulicher Beratung.

(S)Exclusivitäten von Laura Méritt
Freitags ab 18 Uhr: Der sexclusive Damensalon
Fürbringer Straße 2, 10961 Kreuzberg, U-Bhf. Gneisenaustraße
www.sexclusivitaeten.de

Feste

Schwul-lesbisches Straßenfest
Vorletztes Wochenende im Juni
Rund um den Nollendorfplatz
www.regenbogenfonds.de

Christopher-Street-Day

CSD
Christopher-Street-Day
Letzter Samstag im Juni
www.csd-berlin.de

Schwul-lesbisches Parkfest
August, Termin siehe Siegessäule
Volkspark Friedrichshain

Wigstöckel
Transgender Fest
Irgendwann im Oktober
www.wigstoeckel.com

Denkmal und Museum

Gedenktafel Nollendorfplatz

»Totgeschlagen Totgeschwiegen – den homosexuellen Opfern des Nationalsozialismus«. Ein Winkel aus rosa Marmor, der an der Fassade des U-Bahnhofs angebracht ist, erinnert an die homosexuellen Opfer des Nationalsozialismus.

U-Bhf. Nollendorfplatz

Regenbogenstele

Die Stele des Berliner Künstlers Salomé ist ein 4,50 Meter hoher Metallstift in Regenbogenfarben mit rosa Spitze. Seit dem Jahr 2000 steht sie auf der Mittelinsel des Schöneberger Nollendorfplatzes. Als Phallussymbol sah der Berliner Lesben- und Schwulenverband (LSVD) die Stele, die für den Schwulenkiez in Schönberg steht, und forderte mit Augenzwinkern ebenfalls ein Mösendenkmal am Nollendorfplatz.

U-Bhf. Nollendorfplatz

Homosexuellen-Denkmal

Das von dem Künstlerduo Michael Elmgreen und Ingar Dragset entworfene Denkmal erinnert einerseits an die verfolgten und ermordeten Homosexuellen im Nationalsozialismus; andererseits setzt es für die Gegenwart ein Zeichen gegen Intoleranz, Feindseligkeit und Ausgrenzung gegenüber Schwulen und Lesben. Das Mahnmal, das am 27. Mai 2008 enthüllt wurde, nimmt Bezug auf das gegenüberliegende Holocaust-Denkmal. Es sehe aus, als habe sich eine Stele aus dem Stelenpark selbstständig gemacht und sich in den Wald gestellt, sagte Kulturstaatsminister Bernd Neumann bei der Einweihung. Der Betrachter blickt durch ein in die Stele eingelassenes Fenster auf eine Filmsequenz, in der sich zwei Männer küssen. Das erregte den Protest einiger Frauen- und Lesbenverbände, die die Frauen ausgeschlossen sahen. Das Argument für diesen Entwurf war jedoch, dass sich im Nationalsozialismus KZ und Ermordung aufgrund des Paragrafen 175 nur auf Schwule bezog. Lesben wurden zwar unterdrückt, aber nicht mit der gleichen Härte verfolgt wie Männer. Da das Mahnmal aber auch ein Zeichen gegen Intoleranz ist, einigte man sich auf einen Kompromiss. Alle zwei Jahre wird die Kussszene ausgewechselt und der nächste Kuss wird ein Frauenkuss sein.

Ebertstraße, 10117 Mitte, S-Bhf. Unter den Linden

Die Regenbogenstele lädt zum Küssen ein

Gründerzeitmuseum im Gutshaus Mahlsdorf

1958 zog Charlotte von Mahlsdorf, geborene Lothar Berfelde, in die 200 Jahre alte Landvilla in Mahlsdorf. Die Gründerzeitliebhaberin richtete das Haus wieder her und bestückte die rund 23 Zimmer mit ihren Sammlungen und Möbelstücken aus der Gründerzeit. »Es wäre nichts entstanden, wenn ich kein weibliches Wesen im männlichen Körper wäre«, sagte Charlotte von Mahlsdorf. Die Kellerräume der Villa waren bis in die 80er-Jahre Treffpunkt der Lesben und Schwulen Ostberlins. Bis 1995 führte Charlotte von Mahlsdorf die Besucher selbst durch ihr Museum, dann siedelte sie wegen der anhaltenden Diskussionen über ihre Stasi-Verwicklung nach Schweden über. Die Sammlung wurde von der Stadt Berlin gekauft und wird seither von einem Förderverein betreut. Bei einem Besuch in Berlin starb Charlotte von Mahlsdorf unerwartet am 30. April 2002 im Alter von 74 Jahren. Anlässlich des ersten Todestages setzte der Förderverein Gutshaus Mahlsdorf im Gutspark einen Gedenkstein aus rotem Sandstein mit der Inschrift »Lothar Berfelde, genannt Charlotte von Mahlsdorf«.

Somit ignorierten Förderverein und Familie posthum den Lebensentwurf von Charlotte von Mahlsdorf, die schon ihrer Autobiografie den Titel verliehen hatte: »Ich bin meine eigene Frau«.
Hultschiner Damm 333, 12623 Mahlsdorf, S-Bhf. Mahlsdorf
Öffnungszeiten: Mittwochs und sonntags 10 – 18 Uhr
www.gruenderzeitmuseum.de

Schwules Museum

Ausstellungen zur schwulen und manchmal auch lesbischen Geschichte in all ihren Facetten.
Mehringdamm 61, 10961 Kreuzberg, U-Bhf. Mehringdamm
Öffnungszeiten: tägl. außer dienstags von 14 – 18 Uhr
www.schwulesmuseum.de

Straßenszene in Kreuzberg, Hobrechtbrücke

Interkulturellas

Cześć, hello, ciao, merhaba, hallo – Begrüßungen in Berlin sind so interkulturell wie seine BewohnerInnen. Von den rund 3,5 Millionen Menschen, die in Berlin leben, kommen fast 14 Prozent, also ca. 470.000 Menschen, aus 184 anderen Nationen. Ihre Kultur, Religion, Sprache und Kunst prägen das internationale Flair der Stadt. 47 Prozent aller in Berlin lebenden Menschen mit Migrationshintergrund sind Frauen.

Berlins Migrationsgeschichte geht mehr als 300 Jahre zurück. Im 18. Jahrhundert siedelten sich französische und böhmische Glaubensflüchtlinge links und rechts der Spree an, im 19. und frühen 20. Jahrhundert kamen polnische Einwanderer auf der Suche nach Arbeit. Zugereiste Frauen arbeiteten meist als Dienstmädchen. Sie hatten keine geregelten Arbeitszeiten und wenig Freizeit. Oft schliefen sie in dem sogenannten Mädchenzimmer, ein Hängeboden in Flur oder Küche, wie man es heute noch in einigen Berliner Altbauwohnungen findet. Für viele Hausherren und deren Söhne galten sie als sexuelles Freiwild. Manche zogen es deswegen vor, in den Fabriken zu arbeiten, andere wehrten und organisierten sich. Ende des 19. Jahrhunderts fanden in Berlin die ersten Dienstmädchenversammlungen statt.

Nach dem Zweiten Weltkrieg setzte ein neuer Zuwanderungsstrom ein. Vertriebene aus den ehemaligen Ostgebieten suchten in Berlin eine neue Heimat.

In den 1960er-Jahren wurden ArbeitnehmerInnen aus Ost- und Südosteuropa angeworben, um die freien Arbeitsplätze im Wirtschaftswunderland zu besetzen. 1964 kamen in Berlin die ersten Arbeitskräfte aus der Türkei an, vorwiegend ArbeiterInnen, die in der Textil- und Elektroindustrie beschäftigt wurden.

In Berlin war der Anteil der Frauen unter den türkischen Arbeitskräften sehr hoch, von den bei Siemens beschäftigten ArbeiterInnen waren 67 Prozent Frauen. Die großen elektrotechnischen Betriebe, auch DeTeWe und Telefunken, benötigten für Montagearbeiten vor allem junge Arbeiterinnen.

Im Telefunken-Frauenwohnheim, auch Frauenwonaym genannt, in der Kreuzberger Stresemannstraße 30, gegenüber dem Hebbeltheater (dem heutigen HAU 1), teilten sich bis zu acht Frauen ein Zimmer und 30 Frauen eine Küche und fünf Waschbecken. Insgesamt 193 Arbei-

terinnen lebten hier auf drei Etagen. Heute ist das Haus direkt neben der SPD-Zentrale, dem Willy-Brandt-Haus, ein Bürohaus für Firmen des SPD-Unternehmensbereiches.
Arbeitskräftemangel gab es Anfang der 70er-Jahre auch in der DDR. Nachdem die Regierung Verträge mit befreundeten sozialistischen Staaten über die befristete Bereitstellung von Arbeitskräften abgeschlossen hatte, kamen ArbeitnehmerInnen aus Polen, Algerien, Kuba, Mosambik, Vietnam, der Mongolei, Angola und China für einen dreijährigen Arbeitsaufenthalt in den »Arbeiter- und Bauernstaat«. Die Unterbringung der ausländischen ArbeiterInnen war in Ostberlin ebenso dürftig wie in der anderen Hälfte der Stadt.
Heute prägen die Zuwanderer, die mit ihren Familien bereits in der zweiten und dritten Generation hier leben, das Stadtbild. Obstläden, Döner-Kebab-Imbisse, Afro-Shops, Asia-Läden, italienische, indische und griechische Restaurants sowie russische Lebensmittelläden haben sich neben Currywurstbuden, Tante-Emma-Läden und Supermarktketten etabliert.
Im Sommer treffen sich türkische und arabische Familien in den Grünanlagen wie dem Görlitzer Park in Kreuzberg zu Familienfeiern und Grillfesten; der Karneval der Kulturen, der die in Berlin und Deutschland lebenden Nationen repräsentiert, zieht seit 1996 jedes Jahr zu Pfingsten durch die Straßen. Im Kaffee Burger tobt regelmäßig die Russendisko des Schriftstellers Wladimir Kaminer, und Tanzschulen laden dazu ein, lateinamerikanische Tänze zu erlernen, um abends in den angesagten Salsaclubs der Stadt Rueda zu tanzen. Türkischstämmige Mitbürger oder Deutschtürken, wie sich viele mittlerweile nennen, bilden den größten Teil der Berliner Migrantenszene. Brasilianerinnen und Brasilianer sind die größte Gruppe von MigrantInnen aus Lateinamerika und der Karibik, gefolgt von Frauen und Männern aus Kuba und Peru.
Vor allem Schöneberg, Friedrichshain und Kreuzberg, die klassischen Ausgehbezirke der Stadt, zeichnen sich durch interkulturelles Leben rund um die Uhr aus. Die dritte Generation der ehemaligen MigrantInnen betreibt eigene Läden und Cafés, die kulturell geprägt sind und ein Angebot für alle bieten. Die beste Möglichkeit, um sich ein Bild von dem internationalen Schmelztiegel Berlin zu machen, bietet das Kreuzberger SO36, wenn sich zu der Partyreihe Gayhane deutsche, türkische und arabische sowie homo- und heterosexuelle Menschen treffen, um gemeinsam bei orientalischer Rap- und Popmusik zu feiern.

Bunter Garten Buchholz

In der Fremde Wurzeln schlagen – das ist das Konzept der interkulturellen Gärten, die es bundesweit gibt. Auch Berlin hat mehrere dieser Gärten, in denen Menschen mit Migrationshintergrund einzelne Pazellen bepflanzen und pflegen. Der interkulturelle Garten in Pankow wurde fachlich und organisatorisch von Baufachfrau Berlin begleitet, einem gemeinnützigen Bildungs- und Beschäftigungsträger für Frauen aus Bau- und Baunebenberufen.
Jeweils donnerstags von 17–19 Uhr kann der Garten besichtigt werden.
Aubertstraße 1, 13127 Pankow, S-Bhf. Blankenburg

Gayhane > S. 153

Karneval der Kulturen

Parade und Fest der Kulturen am Pfingstwochenende
www.karneval-der-kulturen.de

Karneval der Kulturen

Werkstatt der Kulturen

Ort interkultureller Kunst und Kommunikation
Wissmannstraße 32, 12049 Neukölln
www.werkstatt-der-kulturen.de

Haus der Kulturen der Welt

Ausstellungshalle für zeitgenössische außereuropäische Künste
Das sogenannte HdKdW, direkt an der Spree gelegen, liegt in unmittelbarer Nähe zum Regierungsviertel. Im Volksmund wird das Gebäude, das 1957 errichtet wurde und bis 1980 als Kongresshalle fungierte, aufgrund seiner Form »Schwangere Auster« genannt. 1980 stürzte das Gebäude wegen fehlerhafter Konstruktion teilweise ein und wurde erst 1987 wiederaufgebaut. 1989 wurde die Halle zum Haus der Weltkulturen. Im Foyer erinnert eine Gedenktafel an Zeiten weit vor der wechselhaften Geschichte des Gebäudes, das von dem amerikanischen Architekten Hugh Stubbins entworfen wurde. In seiner unmittelbaren Nähe, Unter den Zelten 5, lebte von 1847 bis zu ihrem Tod im Jahre 1859 die Schriftstellerin Bettina von Arnim. Hier betrieb sie auch ihren literarischen Salon, der zur damaligen Zeit einer der kulturellen Mittelpunkte Berlins war.
John-Foster-Dulles-Allee 10, 10557 Mitte, www.hkw.de

Das Haus der Kulturen der Welt im Gebäude der ehemaligen Kongresshalle

Gedenktafel für Hatun Sürücü

Hatun Sürücü wurde 1982 in Berlin geboren. Am 7. Februar 2005 wurde die türkischstämmige Deutsche an einer Bushaltestelle in der Oberlandstraße durch drei Kopfschüsse getötet. Ihre drei Brüder empfanden den westlichen Lebensstil der Schwester als Kränkung der Familienehre. Der jüngere Bruder, der die tödlichen Schüsse abgegeben hat, wurde verurteilt, den beiden älteren konnte eine direkte Tat-

beteiligung bei dem Ehrenmord nicht nachgewiesen werden. Auf der Tafel steht in deutscher und türkischer Sprache geschrieben, Sürücü sei ermordet worden, »weil sie sich Zwang und Unterdrückung ihrer Familie nicht unterwarf, sondern ein selbstbestimmtes Leben führte«.
Bus 246, Haltestelle: Oberlandstraße, 12099 Tempelhof

Treffpunkte für Frauen

S.U.S.I.
Interkulturelles Frauenzentrum
Linienstraße 138, 10115 Mitte, U-Bhf. Oranienburger Tor
www.susi-frauen-zentrum.com

Xochicuicatl e.V.
Lateinamerikanischer Frauenverein e.V.
Winsstraße 58, 10405 Prenzlauer Berg, U-Bhf. Senefelder Platz
www.xochicuicatl.de

Frauencafe für Migrantinnen & Freundinnen
Freitags 15 – 18 Uhr
Miles-Zentrum für Migranten, Lesben und Schwule, Willmanndamm 8, 10827 Schöneberg, U-Bhf. Kleistpark

Lebensmittel und Speisen

Türkischer Wochenmarkt
Allein schon wegen der südländischen Atmosphäre ist dieser Markt einen Besuch wert.
Dienstags und freitags von 11 – 18 Uhr, Maybachufer, 12045 Neukölln, U-Bhf. Schönleinstraße

Knofi
Die Lebensmittelläden von Senay Celik bieten Spezialitäten vom Mittelmeer an. Die Deko ihrer Läden erfreut das Auge, das Angebot an Pasten, Salaten, Obst und Gemüse verwöhnt den Gaumen. In allen Läden kann ein kleiner Imbiss eingenommen werden. Nur knoblauchresistent sollte man sein.
Bergmannstraße 11 und 98, U-Bhf. Mehringdamm, und Oranienstraße 180, U-Bhf. Kottbusser Tor, www.knofi.de

Die Schauspielerin Tilda Swinton mit dem Special TEDDY Award auf der Berlinale 2008

Frauen im Kino

Für Frauen mit Interesse an Film und Kino hat Berlin einiges zu bieten. Zum einen finden hier zahlreiche Filmfestivals statt, zum anderen ist Berlin die Stadt mit den meisten Lichtspieltheatern. Allein über 60 Programm- und 16 Multiplex-Kinos laden jeden Abend ein, in fremde Welten und Geschichten einzutauchen. Im Sommer kommt noch rund ein Dutzend Freilichtkinos hinzu. Kann man in den Multiplexen die internationalen Blockbuster sehen, werden in den zahlreichen Programmkinos künstlerisch anspruchsvolle Autorenfilme gezeigt. TouristInnen können sicher sein, hier die eine oder andere Filmperle zu entdecken, die in ihren heimatlichen Lichtspielstätten nicht gezeigt wird. Die Programmkinos haben sich auf Festivalentdeckungen aus Europa, Lateinamerika oder Asien spezialisiert, sie zeigen Dokumentarfilme, skurrile Streifen aus Skandinavien oder bieten Bollywood-Romanzen, die aus dem Alltag in eine Fantasiewelt aus Musik, Kitsch und Tränen entführen.

Eine Veranstaltungsreihe speziell für Frauen mit Kindern richtet das Kino Babylon aus. Hier steht jeden Mittwochvormittag das KinderWagenKino auf dem Programm, zu dem Mütter und Väter ihre Kleinkinder mitbringen und sich der Solidarität anderer gewiss sein können, wenn ihre Kids in den spannendsten Kinominuten Zeter und Mordio schreien.

Auch die Multiplex-Kinos wollen sich ihren Frauenanteil sichern und veranstalten einmal im Monat den Preview-Abend CineLady, zu dem Frauen eingeladen sind, einen aktuellen Film vor dem bundesweiten Filmstart sehen zu können. Zur Eintrittskarte wird ein Glas Prosecco gereicht.

Cineastischer Ausnahmezustand herrscht in der Stadt zu den Internationalen Filmfestspielen, bei der Berlinale, die zu den kulturellen Highlights gehören. Kleinere Festivals, die Filme von und für Frauen zeigen, sind das Lesbenfilmfestival, dessen Zukunft gerade ungewiss ist, und das schwul-lesbische Verzaubert-Festival. Wird auf dem Lesbenfilmfestival der beste Film mit der Mona d'oro (Goldene Möse) ausgezeichnet, gibt es auf dem Verzaubert-Filmfestival den Rosebud-Award zu gewinnen. Auf der Berlinale werden neben den Goldenen und Silbernen Bären für die besten Wettbewerbsbeiträge sowohl die Teddys für den besten schwul-lesbischen Film als auch der Femina-Film-Preis verliehen. Diese Auszeichnung, die im Rahmen der Filmfestspiele vom Verein FeminaFilmPreis vergeben wird, würdigt die hervorragende Arbeit einer Frau in den Bereichen Schnitt, Maske, Szenenbild, Musik und Kostüm. »Die Zahl der Regisseurinnen liegt bei ca. 1/5 des Programms – inklusive Kurz-, Kinder- und Dokumentarfilme«, weiß Silvana Abbrescia-Rath, Vorsitzende des Vereins FeminaFilmPreis. »Bei den teueren langen Spielfilmen bilden die Regisseurinnen eine noch bescheidenere Minderheit.«
Doch was wäre die Berlinale ohne die Frauen? Ein Festival ohne Preise, ist die Antwort. Denn die Teddys und Bären sind der Kreativität und dem handwerklichen Geschick von Frauen zu verdanken.

Die Goldschmiedin Astrid Stenzel bei der Arbeit

Der Teddy war anfangs nur Plüsch. Erst als die Berlinale ihn 1992 als offiziellen Preis anerkannte, bekam er ein würdiges Outfit. Seitdem werden die Teddys von der Goldschmiedin Astrid Stenzel in ihrem Werkstattladen Schwermetall nach einer Vorlage des Comic-Zeichners Ralf König hergestellt. Fast fünf Stunden Arbeit investiert sie in die Aufbereitung der elf Zentimeter großen Figur, die auf einem Berliner Pflasterstein thront.
Seit Beginn der Filmfestspiele im Jahre 1951 wird der Goldene Bär verliehen, der nach einem Original von Renée Sintenis entworfen wurde (> S. 88). Ihre Urversion eines etwas tollpatschigen Bären war bis 1959 im Einsatz. Dann musste sich der Bär einer Entschlackungskur unterziehen. Seit den 60er-Jahren wird er in seiner abgespeckten Variante vergeben.

Teddy – der schwul-lesbische Filmpreis

Berliner Filmfestivals

Berlinale
Berliner Filmfestspiele
Jedes Jahr im Februar
www.berlinale.de

clipclub
Feministisch queere Filme sehen – kuratiert von Renate Lorenz und Karin Michalski
Die Clipclub-Abende entstanden im Jahr 2000, um in Berlin ein Diskussionsforum für den queer-feministischen Film zu schaffen. Filmemacherinnen stellen ihre Filme und Videos persönlich vor. Der Schwerpunkt liegt auf dokumentarischen und autobiografischen Werken. Zum Abschluss gibt es Drinks und Musik.
Die Termine zum Clipclub bitte bei Karin Michalski erfragen:
karinmichalski@yahoo.de

Lesbenfilmfestival
Das Festival macht zurzeit eine Pause.
www.lesbenfilmfestival.de

Verzaubert Filmfestival
Lesbisch-schwules Filmfestival
Jedes Jahr im Frühjahr
Kino International
Karl-Marx-Allee 33, 10178 Mitte, U-Bhf. Schillingstraße
www.verzaubertfilmfest.com

Kinos

Arsenal
Institut für Film und Videokunst e.V.
Das Institut für Film und Videokunst e.V. ist im Oktober 2008 aus dem Verein Freunde der Deutschen Kinemathek e.V. hervorgegangen und wird seitdem von einem Chefinnen-Trio geleitet. Das Programm ist einzigartig: thematische Filmreihen, Stummfilme, Retrospektiven und selten in anderen Kinos gezeigte Filmkunst.

Potsdamer Straße 2, 10785 Tiergarten, U-Bhf. Potsdamer Platz
www.arsenal-kino.de

Babylon Mitte

Von Windeln verweht – KinderWagenKino

An der Kasse gibt es kostenlos Windeln und im Kinosaal werden die Filme bei verminderter Lautstärke vorgeführt, damit die empfindlichen Babyohren nicht geschädigt werden.
Immer mittwochs um 11 Uhr.

Rosa-Luxemburg-Str. 30, 10178 Mitte, U-Bhf. Rosa-Luxemburg-Platz
www.babylonberlin.de

Das Kino International – eines der schönsten Kinos der Stadt

Cinemaxx

L-Filmnacht

Jeden letzten Freitag im Monat um 20 Uhr werden im Cinemaxx am Potsdamer Platz lesbische Kurzfilme oder ein Spielfilm gezeigt. Anschließend ist die Bar im Foyer für die Besucherinnen geöffnet.

Cinemaxx, Potsdamer Straße 5, 10785 Tiergarten, U-Bhf. Potsdamer Platz

CineStar CUBIX

Filmpalast am Alexanderplatz
Kinotag: Dienstag
Cine-Ladys jeden letzten Mittwoch im Monat
Rathausstraße 1, 10178 Mitte, U-Bhf. Alexanderplatz

CineStar

Premierenkino
Filme im Original ohne Untertitel
Kinotag: Dienstag
Cine-Ladys jeden letzten Mittwoch im Monat
SonyCenter, Potsdamer Straße 4, 10785 Tiergarten, U-Bhf. Potsdamer Platz

Kino International

Jeden Montag: MonGay
Kinotage: Montag, Dienstag und Mittwoch
Das International wurde in den 60er-Jahren als Premierenhaus der DDR gebaut und spiegelt ein Stück Zeitgeschichte wider. Montags werden zur Spätvorstellung Previews lesbischer und schwuler Filme gezeigt.
Karl-Marx-Allee 33, 10178 Mitte, U-Bhf. Schillingstraße
www.yorck.de

Titania Palast

Alle vier Wochen findet in dem Lichtspielhaus aus dem Jahr 1928, in dem Marlene Dietrich 1960 ihr legendäres Konzert gab, die Ladys-First-Reihe statt. Frauen erhalten ein Glas Sekt und der Eintritt für die Preview kostet 6 Euro. Manchmal findet der Abend auch alle zwei Wochen statt. Nähere Informationen entnehmen Sie bitte der Homepage.
Gutsmuthsstraße 27/28, 12163 Steglitz, U-Bhf. Walter-Schreiber-Platz, www.movieclick.de

Xenon

Kino mit lesbisch-schwulen Filmen
Kinotag: Dienstag und Mittwoch
Kolonnenstraße 5 – 6, 10827 Schöneberg, U-Bhf. Kleistpark
www.xenon-berlin.de

Filme in Originalversion mit Untertiteln

Babylon

Kinotage: Montag, Dienstag und Mittwoch
Dresdener Straße 126, 10999 Kreuzberg, U-Bhf. Kottbusser Tor
www.yorck.de

Cinema Paris

1949 von der britischen Militärregierung im »Maison Française« eröffnet.
Schwerpunkt: Französische und europäische Filme
Kinotage: Montag, Dienstag und Mittwoch; Sonntagsmatinée
Kurfürstendamm 211, 10719 Charlottenburg, U-Bhf. Uhlandstraße
www.cinema-paris.de

FSK

Schwerpunkt: europäische Filme
Kinotage: Montag und Dienstag
Segitzdamm 2, 10999 Kreuzberg, U-Bhf. Kottbusser Tor
www.fsk-kino.de

Kino in den Hackeschen Höfen

Kinotage: Montag, Dienstag
Rosenthaler Straße 40/41, 10178 Mitte, S-Bhf. Hackescher Markt
www.hackesche-hoefe.org

Odeon

Kinotage: Montag, Dienstag und Mittwoch
Hauptstraße 116, 10827 Schöneberg, U-Bhf. Rathaus Schöneberg
www.yorck.de

Museum

Haus Deutsche Kinemathek – Museum für Film und Fernsehen

Reise durch die deutsche Filmgeschichte
Stummfilmdiven und bedeutende Stücke aus dem Nachlass von Marlene Dietrich und Hildegard Knef
> S. 105

Filmpreise

Femina-Film-Preis

Der gemeinnützige FeminaFilmPreis e.V. vergibt jährlich auf der Berlinale den dotierten Femina-Film-Preis für die künstlerische Leistung einer Filmtechnikerin aus den Bereichen Kamera, Schnitt, Ausstattung, Kostüm oder Musik.
FeminaFilmPreis e.V., Niebuhrstraße 77, 10629 Charlottenburg
FeminaFilmPreis@aol.com

Rosebud-Award

Das queere Verzaubert-Filmfestival tourt jedes Jahr im Frühjahr durch vier deutsche Städte und gastiert auch acht Tange lang in Berlin. Der beste Spielfilm wird mit dem Rosebud-Award ausgezeichnet.
www.verzaubert.com

Teddy

Der TEDDY ist der international wichtigste queere Filmpreis und der bedeutendste Emanzipationspreis für Lesben, Schwule und transidentische Menschen. 1987 wurde er zum ersten Mal auf der Berlinale verliehen.
www.teddyaward.org

Schwermetall

Im Werkstattladen der Goldschmiedin Astrid Stenzel ist eine Miniatur des Teddy Awards als Schlüsselanhänger erhältlich. Die Goldschmiedin stellt neben dem Teddy Award ebenfalls den seit 1996 auf dem Lesbisch-Schwulen Stadtfest vergebenen Rainbow Award in Anlehnung an die Regenbogenstele auf dem Nollendorfplatz her.

Dienstags bis freitags 11-19 Uhr, samstags 11–16 Uhr
Winterfeldtstraße 50, 10781 Berlin, U-Bhf. Nollendorfplatz
www.schwermetall.de

Werkstattgalerie Herrmann Noack

Die Goldenen und Silbernen Berlinale-Bären werden in der Bronzegießerei Noack hergestellt. Die Werkstattgalerie präsentiert Arbeiten von BildhauerInnen, die in der Bildgießerei Noack gießen lassen.

Varziner Straße 18, 12161 Schöneberg, U-Bhf. Bundesplatz
www.noack-galerie.com

Jury und Preisträgerinnen des Femina-Film-Preises 2008

Angelina Maccarone

Angelina Maccarone: Ich bin ein Berlin-Fan

Zum Jahrtausendwechsel zog Angelina Maccarone nach Berlin. Geboren wurde sie 1965 in Pulheim bei Köln. Also eine Provinzgöre wie so viele andere BerlinerInnen auch. Nach dem Abitur ging Angelina Maccarone erst einmal nach Hamburg. Dass sie einmal eine erfolgreiche Regisseurin sein würde, stand da noch nicht auf dem Programm. Sie wollte Popstar werden. Doch schon bald merkte sie, dass ihr ein Leben im Rampenlicht nicht behagte, und sie begann, hinter den Kulissen zu arbeiten. Über das Schreiben von Musiksongs kam sie zum Drehbuchschreiben. Mit 27 Jahren verfasste sie ihr erstes Drehbuch und führte zugleich Co-Regie bei dem TV-Film »Kommt Mausi raus?!«. Der Coming-Out-Film wurde ein Erfolg, weitere preisgekrönte TV-Produktionen folgten. Von nun an führte Angelina Maccarone selbst Regie.

1999 ereilte sie der Ruf aus Berlin: Sie akzeptierte das Angebot, an der Berliner Filmhochschule dffb zu unterrichten. Kurz darauf verliebte sie sich in die Stadt – und in eine Frau. Weil sie keine Lust hatte, eine Fernbeziehung zu führen, packte sie ihre Koffer und zog von der Alster an die Spree.

Mittlerweile ist Angelina Maccarone nicht nur in Berlin in ihrem Lieblingsbezirk Kreuzberg angekommen, sondern auch im Kino. Ihre Filme »Fremde Haut« und »Verfolgt« gewannen bedeutende Filmpreise. »Verfolgt« entstand nach einem Drehbuch der Berliner Autorin Susanne Billig.

Es folgte der Kinofilm »Vivere« mit Hannelore Elsner in der Hauptrolle. An ihrem Beruf schätzt die Regisseurin das Ergründen von Emotionen und die intensive Beschäftigung mit einem Thema. Schon als Kind dachte sie sich gern Geschichten aus. »Heute bin ich in der Lage, meine Fantasien zusammen mit anderen lebendig werden zu lassen. Das liebe ich«, sagt sie.

Das Dreiländereck zwischen drei Kanälen: dem Landwehrkanal auf der einen und der anderen Seite und dem Schifffahrtskanal

Angelina Maccarone über ihr Berlin:

Die erste Wohnung ...
lag im Dreiländereck. Ich wollte von Anfang an eigentlich in Kreuzberg wohnen. Nun konnte ich zwar nach Kreuzberg und nach Treptow gucken, war selbst aber in Neukölln.

Das Besondere der Stadt ...
sind die verschiedenen Kieze, in denen dann wieder eine gewisse Dorfatmosphäre entsteht. Es gibt große Straßen, es gibt überall Wasser, man kann am Ufer langgehen. Gleichzeitig ist alles sehr grün und sehr lebendig. Es entstehen immer neue kleine Läden und hier noch ein Café und da noch eins.

Typisch berlinerisch ...
ist dieser bestimmte Tonfall. Der ist sehr direkt und am Anfang dachte ich immer, ich werde ausgeschimpft.

Der schönste Stadtteil ...
ist Kreuzberg. Diese Lebendigkeit, die ich an Berlin sowieso schätze, finde ich hier potenziert. Wenn das Wetter auch nur ein bisschen schön ist, sind sofort alle Tische draußen. Dann ist Kreuzberg wie ein großes Wohnzimmer.

Berlin ist am schönsten ...
im Sommer und im Frühling und im Herbst. Problematisch finde ich den Winter, weil der wirklich sehr kalt ist. Aber am schönsten finde ich Berlin immer, wenn ich von woanders zurückkomme.

Eine Kuriosität ...
ist die Flohmarktkultur. Zum Beispiel diese große Halle in Treptow. Da frag ich mich, wer diese ganzen Sachen eigentlich kauft. Diese Haufen von Schrauben zum Beispiel. Und es gibt immer wieder Leute, die da sehr interessiert gucken, wühlen und auch kaufen.

Mein Berlin ...
ist Kreuzberg und seine Cafés. Das Café Molinari finde ich gut, weil es mitten im Kiez liegt und trotzdem so idyllisch ist.

Berlin in einem Satz ...
Das Gute an Berlin ist, dass man es nicht in einem Satz sagen kann. Es würde mich nicht interessieren in einer Stadt zu leben, die man in einem Satz zusammenfassen kann.

Dreiländereck

Kreuzberg, Neukölln, Treptow an der Lohmühlenbrücke
Im Sommer ist das Dreiländereck ein wunderbarer Platz zum Picknicken.
Paul-Lincke-Ufer, Maybachufer und Kiehlufer am Landwehrkanal, 10999 Kreuzberg, Bus M29, Haltestelle: Glogauer Straße

Café Molinari

Im Sommer kann man draußen sitzen und Latte Macchiato genießen. Hier gibt es noch original Berliner Fassbrause – nicht aus der Flasche, sondern vom Fass.
Riemannstraße 13, 10961 Kreuzberg, U-Bhf. Gneisenaustraße

Hallenflohmarkt Treptow

Kein anderer Flohmarkt hat so viel Überflüssiges und Schrottiges im Angebot wie der Hallenflohmarkt. Doch ein Besuch lohnt sich immer. Zwischen all den Steckdosen, Kabeln und Schrauben gibt es Kleidung, Möbel, Geschirr und 70er-Jahre-Accessoires.
Samstags und sonntags, 9 – 18 Uhr, Eichenstraße 4, 12435 Treptow, U-Bhf. Schlesisches Tor

Hallenflohmarkt Treptow: Was das Herz begehrt – von oll bis doll

Die Sängerin und Komponistin Diamanda Galás ist häufig zu Gast beim Musikerinnenfestival

Female Vibes

»Ich fühl mich gut, ich steh auf Berlin« sang Anfang der 80er-Jahre Annette Humpe, Frontfrau der Band Ideal. Heute ist sie noch immer eine der bekanntesten Musikerinnen Berlins und Sängerin der Band Ich & Ich. Ihre Schwester Inga Humpe, mit der sie in den frühen 80ern bei den Neonbabies sang, stellt heute mit ihrem Partner das Duo 2raumwohnung.

Zur selben Zeit feierte die Musikerin Gudrun Gut mit ihren Frauenbands Mania D und Malaria Erfolge. Später gründete sie das DJ-Projekt Ocean Club, dessen elektronische Beats heute noch jeden Freitag auf RadioEins zu hören sind. Mit ihrem Label »Monika Enterprise« betreibt die Musikerin eine Institution für elektronische Musik.

Die erste lesbische Musikband »Flying Lesbians« entstand Anfang der 70er-Jahre eher aus Zufall. Zwei Tage vor dem ersten großen Frauenfest in der TU-Mensa sagte die Frauenrockgruppe aus Großbritannien ab. Über Nacht wurde eine Frauenband aus Berlin zusammengetrommelt. Zwei Tage später standen sieben Frauen mit geliehenen Instrumenten auf der Bühne, gaben ihr erstes Konzert und gewannen die Gunst des Publikums.

Die späten 70er- und frühen 80er-Jahre waren die Zeit der Musik- und Übungskeller. Frauenbands verschiedenster Stilrichtungen schossen aus dem Boden. Da gab es »Brest«, »Subsonic«, »Die Garage Girls«, »Zest«, um nur einige Bands aus der weiblichen, musizierenden Subkultur Westberlins zu nennen. Ende der 80er-Jahre wurden die Lassie-Singers gegründet, eine Popband um Christiane Rösinger, die später das Musik-Label »Flittchen Records« gründete und heute Kopf der Band »Britta« ist.

Die Zeit verbrachte man damals in Übungskellern, bei Konzerten und Auftritten. Orte des öffentlichen Vorspielens waren die Schokofabrik, das Café Swing am Nollendorfplatz und der Künstlerclub Blockshock in der Kreuzberger Mariannenstraße. Kleine Bühnen für kleine Bands, die groß rauskommen wollten.
Einige Meter weiter, getrennt durch die Mauer, entwickelte sich eine eigene Musikkultur. 1974 hatte Nina Hagen, die in Ostberlin lebte, mit »Du hast den Farbfilm vergessen« ihren ersten Hit. 1976 reiste sie mit Genehmigung der DDR in die Bundesrepublik, wo sie nahtlos an ihrer Karriere als Punksängerin weiterstrickte. Eine würdige Nachfolgerin fand Nina Hagen in der ebenfalls rockenden und unangepassten Tamara Danz, Sängerin der 1978 in der DDR gegründeten Band Silly (> S. 45ff). Nachdem Tamara Danz 1996 an Krebs starb, trat die Band lange ohne Frontfrau auf. Erst im Frühjahr 2007 fanden sie in der Brandenburgerin Anna Loos eine neue Sängerin.
1982 formierte sich in Ostberlin die wohl wichtigste Frauenband der DDR, »Mona Lise«. Kurz vor der Wende löste sich die Band auf, die mit dem Konzertprogramm »Wir stehn auf Rock 'n' Roll« ihrem Ruf als rockende Damen alle Ehre machte.
Ebenfalls 1982, jedoch im Westteil der Stadt, gründeten 15 Musikerinnen das Frauenmusikzentrum »Lärm und Lust«, das Frauen Übungsräume zur Verfügung stellte, Workshops anbot und ein Netzwerk für Musikerinnen etablierte. Von der ersten Heimat im zweiten Hinterhof der Kreuzberger Oranienstraße zog »Lärm und Lust« in den Wedding und ist dort noch immer die erste Anlaufstelle für Musikerinnen.
Ein weiterer Meilenstein Berliner Musikgeschichte war die Gründung des ersten unabhängigen Frauenmusikfestivals »Wie es ihr gefällt« im Jahr 1991. Hier treffen sich bis heute die Musikerinnen der Independentmusik. Wer auf diesem Festival nach Mainstream sucht, ist fehl am Platze. Seit dem Jahr 2000 findet das europaweit einzige international programmierte Musikerinnenfestival alle zwei Jahre statt.
Die Musikstile der Bands aus der sogenannten Unterhaltungsbranche gehen weit in die Swinging 20's zurück und feiern mit Kapellen wie »Les Belles du Swing« die Nostalgiewelle im 20er- bis 40er-Jahre Gipsy-Swing. Das Salonorchester »Escapade« lädt mit stilechter Musik der 20er-Jahre zum Standardtanz ein.
Ganz vorn im Jazz sind die Formationen um Maike Scheel und Meike Goosmann, die mit Bass und Saxofon selbst komponierte oder neu arrangierte Jazzstücke auf die Bühne bringen. Der »Berliner Damenchor« mit seinen acht Sängerinnen bearbeitet ein thematisch-

Les Belles du Swing

breites Feld und wechselt auch schon mal das musikalische Genre. Die »Rhythm Kings & her friends« spielen Elektropop, »Die Kusinen« mischen in Perücke und mit gecoverten Songs jede Party auf, und wer es gerne soulig mag, sollte die Auftritte von Joy Denalane nicht verpassen.

Zum Salsatanzen animiert die gemischte Band »Mi Solar«, in der Frauen jedoch die Obertöne haben. Ebenfalls keine reine Frauenband, doch von der Musikerin Barbara Collosseus gegründet, ist die Rockband »Elektra King«. Barbara Collosseus spielte einst gemeinsam mit Jasmin Tabatabai in der Country-Trash-Band »Even Cowgirls get the blues«. Einige ihrer Songs, zum Beispiel »Blinded«, wurden für den Soundtrack des Kinofilms »Bandits« der Regisseurin Katja von Garnier übernommen.

Die Solistinnen der Szene, Popette Betancor, Cora Frost und Maren Kroymann, laden zu kurzweiligen Lieder- und Chansonabenden ein, die in Berlin lebende Schauspielerin und Sängerin Jasmin Tabatabai spielt mit ihrem 2007 erschienenen Album »I ran« auf ihre persischen Wurzeln an, und Katja Riemann, ebenfalls Sängerin und Schauspielerin, bietet auf Bühne und CD Chansons mit jazzigen Untertönen. Seit Kurzem lebt auch die in Kanada geborene Musikerin Peaches in Berlin, die für ihren minimalen Punk-Elektro-Clash berühmt ist. Und wer die sanften Töne des Neofolk mag, sollte die Konzerte von Clara Hill in den Berliner Clubs besuchen.

Konzerte von und für Frauen finden zurzeit nur in dem Frauenkulturzentrum Begine statt. Die meisten Musikerinnen setzen sowieso auf ein gemischtes Publikum. Zum einen, weil sie keine Spartenmusik machen, zum anderen, um ihre Position im noch immer männlich dominierten Musikgewerbe zu stärken.

Männlich dominiert ist auch die DJ-Szene. Wer beim Ausgehen die Musik weiblicher DJs sucht, hat es mitunter schwer. Da gibt es die Musik von DJ Ellen Allien in der elektronischen Ecke, ebenso wie die elektronische Musik von Zoe, Maria Colours, Tama Sumo und Cassy Britton. Vikki Red setzt auf Dirty House, und DJ Ipek Ipekçioğlu liebt eine gut tanzbare Mischung aus Oriental House, Bollywood, Pop, Rock und Indie. Viele weibliche DJs legen sowohl auf Frauenpartys auf als auch in den gemischten Clubs. Achten Sie einfach auf das Line-up der verschiedenen Clubs, das in den Stadtzeitungen »Zitty« und »Tip« aufgeführt ist, um in den Genuss der »female Vibes« zu kommen. In den Stadtzeitungen nach Bands und DJs zu schauen und den Empfehlungen dieser Gazetten zu folgen, ist mitunter die beste Gelegenheit, die Berliner Konzert- und Clubszene kennenzulernen.

Angela von Tallian (dritte v.l.) und Inge Morgenroth (links im Bild) gehören zu den Gründerinnen von »Wie es ihr gefällt«

Line-Up

Cassy Britton (Elektro-Vibes); DJ Monique (Schlager und Discohits); Ellen Allien (Tekkno); Ipek (Oriental House); Maria Colours (Expertin für die schnelleren Vibrationen); Monika Kruse (Elektro); Sick Girls (Grime und New Rave); Tama Sumo (dry, deep, funky & groovy mixture of house; Vikki Red (Dirty House); Zoe (Elektro-Beats).

Frauenbands

Brassapeal (Marchingband); Bethree (Jazz); Die Gabys (Coversongs der 50er- bis 80er-Jahre); Escapade (besingen die Goldenen 20er); Kusinen (Coversongs); Les Belles du Swing (Swing der 20er-Jahre); Rhythmkings & her friends (Elektropop); Wonderska (Ska); Britta (Pop)

Solistinnen

Barbara Morgenstern (Elektropop, Indie); Cora Frost (Chanson); Clara Hill (Neofolk); Jasmin Tabatabai (Rock), Joy Denalane (Soul); Katja Riemann (Chanson); Maren Kroymann (Chanson); Peaches (Elektroclash); Popette Betancor (Liedermacherin).

Radio

Ocean Club, moderiert von Gudrun Gut, jeden zweiten Samstag von 1–5 Uhr auf RadioEins, UKW 95,8

Frauenmusikzentrum

Lärm und Lust

Schwedenstraße 14, 13357 Wedding, U-Bhf. Osloer Straße

Musikerinnenfestival

Wie es ihr gefällt

KulturBrauerei, Schönhauser Allee 36, 10435 Berlin, U-Bhf. Eberswalder Straße, www.wieesihrgefaellt.de

Liedermacherin Popette Betancor

Popette Betancor: Berlin im Sommer ist Paradies

Geboren wurde die Halbspanierin als Susanne Betancor irgendwann in den 60er-Jahren in Neuwied am Rhein. Zur Popette wurde sie erst 1994 in Berlin. Bis dahin verbrachte sie ihr Leben im Ruhrgebiet, ging in Essen zur Schule und machte dort das Abitur. Sie startete eine frühe Musikerkarriere, spielte bereits Klavier und hörte Jazzmusik, als sich andere ihres Alters noch im Sandkasten vergnügten. Nach dem Abitur studierte Betancor Literaturwissenschaften. Doch ihre Leidenschaft galt der Musik, sodass für das Studium bald keine Zeit mehr blieb.

1989 kam ein Angebot aus Berlin, bei der Berliner Musicaltruppe »College of Hearts« als Komponistin, Schauspielerin und Sängerin mitzumachen. Zeit für einen Tapetenwechsel, dachte Betancor, löste ihre Wohnung auf und fuhr mit einer Wagenladung voller Klamotten in die Großstadt. Da sie Berlin schon seit ihrem ersten Besuch »sehr grün und attraktiv« fand, ließ sie sich gleich hier nieder. Das war 1989. Sie wohnte zur Untermiete in Kreuzberg, direkt an der Oberbaumbrücke. Die Maueröffnung konnte sie dort hautnah miterleben. 1990 zog sie in das noblere Kreuzberg, in die Böckhstraße in den gemütlichen »Graefe-Kiez«. Hier lebt sie zwar nicht mehr, ist jedoch dem Kreuzberger Stadtteil treu geblieben.

Ihr zweites Zuhause sind die Off-Theater und Musik-Clubs der Stadt. Seit 1994 tritt sie hier als Solistin auf, wobei wir wieder am Anfang der Geschichte sind. Als Betancor 1994 an dem Infotext zum Start ihrer Solokarriere schrieb, entstand zufällig die Zeile »Betancor sang schon Songs, als niemand damit rechnete – doch ist sie keine Chansonette, sie ist eine Popette«. Das war die Geburtstunde der Popette. Seitdem singt »die Popette« auf den Bühnen diverser Kleinkunst- und anderer Theater ihre lakonischen, ironischen und melancholischen Minidramuletten.

Die schönste Brücke der Stadt: Oberbaumbrücke mit U-Bahn

Popette Betancor über ihr Berlin:

Die erste Wohnung ...
war im tiefsten Kreuzberg in der Nähe der Oberbaumbrücke, weil hier die Musikgruppe, mit der ich gearbeitet habe, beheimatet war.

Das Besondere der Stadt ...
ist die Dörfchenbildung. Es passiert einem schnell, dass man aus seinem Viertel nicht mehr rauskommt.

Typisch berlinerisch ...
ist, dass die einzelnen Stadtviertel so eine Bedeutung haben. Und man dem Viertel entsprechend charakterisiert werden kann. Wenn man in Kreuzberg 36 wohnt, ist man anders drauf als im eher bürgerlichen Kreuzberg, dem ehemaligen Postzustellbezirk 61.

Der schönste Stadtteil ...
ist, da bin ich ganz lokalpatriotisch, Kreuzberg 61. Hier gefällt es mir gut. Hier habe ich mich niedergelassen.

Berlin ist am schönsten ...
im Sommer. Und zwar egal, ob im Früh- oder Spätsommer. Es gibt so viel Wasser, so viele Biergärten, so viele Wälder und Seen. Berlin im Sommer ist Paradies.

Eine Kuriosität ...
ist, dass die ganzen Ostdenkmäler vernichtet werden. Eines nach dem anderen. Ich hätte den Palast der Republik niemals abgerissen.

Mein Berlin ...
ist da, wo meine Freunde sind. In den Cafés, wie der Espressolounge, in der sie alle Zeitungen haben, oder dem Kaffee Burger, eine der letzten Stätten von Subkultur.

Berlin in einem Satz ...
Die Freiheit, die man in Berlin findet, ist Fluch und Segen, man kann vor die Hunde gehen oder diese Freiheit positiv für sich umsetzen.

Oberbaumbrücke

In der Schlesischen Straße an der Oberbaumbrücke hatte Popette Betancor ihre erste Wohnung. Die Oberbaumbrücke wurde 1894 bis 1896 nach Plänen des Architekten Otto Stahn gebaut und gilt als eine der schönsten Brücken Berlins. Von 1963 an diente sie als Grenzübergang für Fußgänger zwischen dem Ost- und Westteil der Stadt. Nach der Wiedervereinigung wurde die Brücke saniert und 1995 für den Verkehr geöffnet. Sie verbindet die beiden Stadtteile Kreuzberg und Friedrichshain. Seit 1998 findet hier jährlich im September die Schlacht um die Vorherrschaft im fusionierten Bezirk Kreuzberg-Friedrichshain statt, bei der auf beiden Seiten versucht wird, den Gegner mit dem Wurf von Eiern, Tomaten und anderem faulen Gemüse von der Brücke zu treiben.

U-Bhf. Schlesisches Tor

Graefe-Kiez

In dem Viertel zwischen Landwehrkanal und Hasenheide, im Graefe-Kiez, mit seinen vielen Cafés, Restaurants und Bars finden sich noch zahlreiche Altbauten aus der Gründerzeit.

U-Bhf. Schönleinstraße

BKA-Theater

Berliner Kabarett Anstalt

Caféhaustischchen mit Service, ein Foyer mit Bar und ein ausgesuchtes Kleinkunstprogramm – das ist das BKA, das über den Dächern von Berlin sein Zuhause hat. Popette Betancor feierte hier ihre ersten Auftritte. Jeden zweiten Donnerstag im Monat gehört die Bühne ausschließlich weiblichen Künstlern. Moderiert werden die »Stage-Diven!« von Bartuschka – Mimeclown und Botschafterin slowakischen Frohsinns.

Mehringdamm 34, 10961 Kreuzberg, U-Bhf. Mehringdamm
www.bka-theater.de

Kaffee Burger

Tanzwirtschaft

Im Kaffee Burger finden Partys, Konzerte und Lesungen statt – zudem die Russendisko des Schriftstellers Wladimir Kaminer. Wer Glück hat, trifft hier Popette Betancor bei einer ihrer Lesungen.

Torstraße 60, 10119 Mitte, U-Bhf. Rosa-Luxemburg-Platz
www.kaffeeburger.de

Blinis Espressolounge

Kleines Café mit frisch geröstetem Kaffee.

Bergmannstraße 92, 10969 Kreuzberg, U-Bhf. Gneisenaustraße
www.blinis-espressolounge.de

Der Graefe-Kiez ist ein gründerzeitliches Altbaugebiet mit rund 18.000 Einwohnern

»Travelogue I – Twenty to eight« von Sasha Waltz

Tanzzeit

Unter dem Motto »Tanz im August« zeigt Berlin seit 1988, was die Stadt an zeitgenössischem Tanz zu bieten hat. Zweieinhalb Wochen dauert das Festival und ist das größte seiner Art in Deutschland. Doch nicht nur an den Festivaltagen kann sich Berlin rühmen, eine Vorreiterrolle im zeitgenössischen Tanz einzunehmen. Zwei Berlinerinnen stehen für ideenreiche, experimentelle und moderne Körperarbeit – die Tänzerinnen und Choreografinnen Sasha Waltz und Constanza Macras.

Sasha Waltz wurde 1963 in Karlsruhe geboren und ist genauso zugezogene Berlinerin wie die in Buenos Aires geborene Constanza Macras. Sasha Waltz gründete 1993 gemeinsam mit ihrem Ehemann Jochen Sandig das Tanzensemble. »Sasha Waltz & Guests«. Bis heute waren rund 150 internationale TänzerInnen in über dreißig Produktionen zu Gast im Ensemble. 1996 gründete Sasha Waltz gemeinsam mit Jochen Sandig und anderen KünstlerInnen die Sophiensaele, ein freie Theaterbühne in Berlins Mitte, die auch heute noch für bewegende und garantiert nicht dem Mainstream verpflichtete Theater- und Tanzkunst steht. Bereits 1999 ging das Künstlerpaar Waltz und Sandig andere Wege und übernahm die künstlerische Leitung der Schaubühne am Lehniner Platz. Unter ihrer Leitung bis zum Jahr 2004 wurde die Schaubühne zur ersten Spielstätte Deutschlands, in der zeitgenössischer Tanz gleichwertig zum Schauspiel rangierte. Immer noch steht Sasha Waltz in enger Verbindung zur Schaubühne, obwohl sie den Mittelpunkt ihres künstlerischen Schaffens 2006 in ein ehemaliges Pumpwerk direkt an der Spree verlagerte – in das Radialsystem, einer Spielstätte für zukunftsweisende Konzert-, Tanz- und Theateraufführungen.

Provokanter, mit Pop, Hip-Hop, Live-Musik, Video, Tanz, Theater und oftmals viel Wut, geht es in den Choreografien der Argentinierin

Constanza Macras zu. Sie studierte Tanz in Buenos Aires, Amsterdam und New York, kam 1995 nach Berlin und gründete hier 1997 ihre erste eigene Kompanie »Tamagotchi Y2K«. In den Jahren 2001 und 2002 entwickelte sie gemeinsam mit den Sophiensaelen die Liebes-Trilogie »Mir«. 2003 gründete sie, in Zusammenarbeit mit der Dramaturgin Carmen Mehnert, ihr neues Projekt »Dorkypark«, zu dem TänzerInnen, MusikerInnen sowie SchauspielerInnen gehören, die Text, Live-Musik, Tanz und Video in fulminanten Aufführungen zu einem Gesamtkunstwerk vereinen. Eines der ersten Dorkypark-Stücke war »Scratch Neukölln«, in dem zehn Jugendliche mit Migrationshintergrund aus dem Berliner Stadtteil Neukölln im Ensemble integriert waren. Spielstätten von Constanza Marcas und Dorkypark sind unter anderem die Schaubühne am Lehniner Platz und das Hebbel am Ufer.

AUF DEN SPUREN ...

Hebbel am Ufer

Im sogenannten HAU mit seinen drei Spielstätten werden innovative Tanz- und Theaterprojekte entwickelt, geprobt und aufgeführt. 1989 wurde es von der Theaterdirektorin Nele Hertling gegründet, die bis 2004 auch die Intendanz innehatte.

HAU 1: Stresemannstraße 29, HAU 2: Hallesches Ufer 32, HAU 3: Tempelhofer Ufer 10, 10963 Kreuzberg, U-Bhf. Möckernbrücke
www.hebbel-theater.de

Radialsystem

Im September 2006 wurde das RADIALSYSTEM V als ein neuer Ort kreativer und kultureller Entwicklung in Berlin eröffnet. Auf dem Programm stehen Festivals, Konzerte, Film- und Theateraufführungen sowie Tanz und Performance. Ensemble in Residenz im ehemaligen Pumpwerk ist »Sasha Waltz & Guests«. Zu Geschichte, Architektur und Konzept des Radialsystems werden Führungen in deutscher und englischer Sprache angeboten.

Holzmarktstraße 33, 10243 Friedrichshain, S-Bhf. Ostbahnhof
www.radialsystem.de

Schaubühne am Lehniner Platz

Das Theater befindet sich am oberen Kurfürstendamm. Es wurde 1962 als privates Theater unter dem Namen »Schaubühne am Halle-

schen Ufer« gegründet. Erst 1981 zog die Schaubühne in das in den zwanziger Jahren von dem Architekten Erich Mendelsohn errichtete Gebäude am Lehniner Platz, dessen Namen es heute trägt. Unter der künstlerischen Leitung von Thomas Ostermeier und Jens Hillje steht die Schaubühne für ein experimentelles und zeitgenössisches Autoren- und Repertoiretheater und zählt zu einem der wichtigsten Orte der internationalen Schauspiel- und Tanz-Avantgarde.
Kurfürstendamm 153, 10709 Charlottenburg, U-Bhf. Adenauerplatz
www.schaubuehne.de

Sophiensaele

Im Herbst 1996 wurden die Sophiensaele mit der Uraufführung von Sasha Waltz' »Allee der Kosmonauten« als Produktions- und Spielstätte für freies Theater eröffnet. Die Sophiensaele befinden sich in einem ehemaligen Handwerkervereinshaus in der über 300 Jahre alten Sophienstraße. In den ersten zwei Jahrzehnten des vergangenen Jahrhunderts wurde das Gebäude als Versammlungsort der revolutionären Linken genutzt. Hier sprachen unter anderem Rosa Luxemburg und Karl Liebknecht.
Sophienstraße 18, 10178 Mitte, U-Bhf. Weinmeisterstraße
www.sophiensaele.de

Radialsystem am Ufer der Spree

Tanz im August

Das größte internationale Tanzfestival Deutschlands ist eine gemeinsame Veranstaltung von Kulturprojekte Berlin, der TanzWerkstatt und dem Hebbel-Theater. An zehn Berliner Spielorten, darunter das Radialsystem, die Sophiensaele und das HAU, werden jedes Jahr im August rund 25 internationale Tanzproduktionen aufgeführt.
www.tanzimaugust.de

Hutdesignerin Fiona Bennett

Mode und Accessoires

Shoppingmalls mit ihren immergleichen Läden gibt es überall. Einkaufen mit Flair sieht jedoch anders aus. Kleine Designerläden, Berliner Modelabel und Hinterhofboutiquen sind in den Stadtteilen Mitte, Friedrichshain, Prenzlauer Berg und Kreuzberg zu finden. Zudem macht es Spaß, durch die Straßen dieser Szeneviertel zu schlendern. Es gibt Vieles zu entdecken, kleine Cafés, Bars, Imbisse und Restaurants laden zum Verweilen ein.

Rund um die Hackeschen Höfe, vornehmlich in der Alten und Neuen Schönhauser Allee mit ihren Seitenstraßen, wird in schick gestylten Schuhläden, Jeansstores und Designershops Modisches für den gefüllten Geldbeutel angeboten. In Prenzlauer Berg lädt die Kastanienallee zum Bummeln ein, ebenso wie die kleinen Straßen rund um den Kollwitzplatz. In Kreuzberg konkurrieren die Bergmann- und die Oranienstraße um den Ruf als beste Einkaufsstraßen. In diesen Bezirken werden Sie noch vergeblich nach Läden wie H&M oder Esprit suchen. Eine Ausnahme ist Mitte, wo mittlerweile die ersten Filialen großer Konzerne öffnen. Die Filialen dieser Ketten ballen sich mit anderen Blockbustern der Modebranche am Kurfürstendamm zwischen den U-Bahnhöfen Wittenbergplatz und Uhlandstraße. Erst ab Uhlandstraße lässt der Menschenstrom nach und die Läden werden mit Coco Chanel und Jil Sander exquisiter.

Hochpreisige Designermode findet man auch in den Seitenstraßen des Kurfürstendamms und in der Friedrichstraße. Hier ist Evelin Brandt zu Hause und Mode von Donna Karan sowie Prada wird im Quartier 206 angeboten. Die Tempel des gehobenen Einkaufens sind

jedoch die Galeries Lafayette in der Friedrichstraße und das ehrwürdige KaDeWe am Wittenbergplatz in Charlottenburg.
Ausführlichere Shoppingtipps gibt der Trend Shopping Guide »Designpole Berlin«, der unter www.desingpole.de zu bestellen ist.

Design in Friedrichshain

Kleine Läden mit Mode und Accessoires sowie Imbisse und Cafés sind zwischen Revaler Straße und Boxhagener Platz zu finden. Friedrichshain ist ein lebendiger Stadtteil mit vielen jungen BewohnerInnen.

Flohmarkt Boxhagener Platz

Mitten in Friedrichshain, umgeben von Cafés und Kneipen, wird sonntags bis 16 Uhr eine kunterbunte Mischung aus altem DDR-Hausrat, 70er-Jahre Accessoires und anderen Trödeleien angeboten.
Boxhagener Platz, 10245 Friedrichshain, U-Bhf. Samariterstraße

Berlinomat

Auf rund 250 Quadratmeter Fläche bieten rund 125 Berliner DesignerInnen ihre Produkte aus den Bereichen Mode, Schmuck und Produktdesign an.
Frankfurter Allee 89, 10247 Friedrichshain, U-Bhf. Frankfurter Allee
www.berlinomat.com

Avantgarde rund um den Hackeschen Markt

Best Shop Berlin

Sumi Ha verkauft avantgardistische Mode internationaler Designer mit dem Schwerpunkt Asien und Skandinavien. Alle acht Wochen wird die Kollektion ausgewechselt.
Alte Schönhauser Straße 6, 10119 Mitte, U-Bhf. Rosa-Luxemburg-Platz, www.bestshop-berlin.de

Bless

Im Shop der beiden Designerinnen kann man teils brauchbare, teils als Kunstobjekt gestaltete Kleidungs- und Schmuckstücke, Taschen, Schuhe, Möbel und Accessoires erstehen.
Mulackstraße 38, 10119 Mitte, U-Bhf. Weinmeisterstraße
www.bless-service.de

Claudia Skoda (> S. 204ff)
Avantgardistische Strickmode für Frauen und Männer
Alte Schönhauser Straße 35, 10119 Mitte, U-Bhf. Weinmeisterstraße

Fiona Bennett
Handgefertigte Designerhüte
Große Hamburger Straße 25, 10115 Mitte, S-Bhf. Hackescher Markt

Schicke Hüte von Fiona Bennett gibt es in Mitte

Fishbelly
Das Dessousgeschäft der Modedesignerin Jutta Teschner führt ausgefallene Damenunterwäsche, auch aus eigener Kollektion.
Sophienstraße 7a, 10178 Mitte, U-Bhf. Weinmeisterstraße
www.fishbelly.de

Sterling Gold
Traumwelt voller Pailletten und Spitze: Secondhand-Ballkleider
Oranienburger Straße 32, Heckmann Höfe, 10117 Mitte, S-Bhf. Oranienburger Straße

Alternative Kreuzberg

Kreuzberg hat gleich mehrere Einkaufsstraßen. Die eine liegt im ehemaligen Zustellbezirk 61 und ist die Bergmannstraße mit vielen Cafés, Restaurants und dem großen Secondhandmarkt »Colours«. Während die Bergmannstraße mit ihren herrschaftlichen Häusern und den vielen Cafés mit Außenplätzen südländisches Flair verströmt, ist die Atmosphäre im ehemaligen Zustellbezirk 36 in der Oranienstraße eine ganz andere. Obwohl auch hier das Leben auf der Straße stattfindet, wirkt alles wesentlich alternativer und multikultureller als im Nachbarbezirk. Neben der Oranienstraße hat sich in den letzten Jahren die Schlesische Straße ab dem U-Bahnhof Schlesisches Tor zur zweiten Hauptstraße des Bezirks etabliert. Hier gibt es mehrere Hostels, Cafés, Bars und einige Läden kleinerer Modelabels.

Dos Santos

Hochwertige Lederkleidung und sexy Outfits

Mehringdamm 119, 10965 Kreuzberg, U-Bhf. Mehringdamm

www.petradossantos.de

Colours

Großer Markt mit neuer und Secondhandkleidung

Bergmannstraße 102, 10961 Kreuzberg, U-Bhf. Mehringdamm

Killerbeast Berlin Fashion

Das Killerbeast-Team produziert Unikate. Ein besonderes Angebot ist, aus einem alten Kleidungsstück ein neues zu produzieren.

Schlesische Straße 31, 10997 Kreuzberg, U-Bhf. Schlesisches Tor

www.killerbeast.de

Meier und Schöpf

Maßschuhmacherei

Die Zwei-Frauen-Schuhmacherei fertigt Schuhe nach Maß und individuellen Wünschen.

Manteuffelstraße 41, 10997 Kreuzberg, U-Bhf. Görlitzer Bahnhof

www.meier-schoepf.de

Neukölln

Vor Jahren hätte niemand vermutet, dass sich gerade in Neukölln eine Modeszene etablieren würde, war der Stadtteil doch als »Prollbezirk« verschrien. Doch an der Grenze zu Kreuzberg haben sich viele kleine

Modeläden und Ateliers etabliert. Ein Spaziergang im sogenannten Reuterkiez lohnt sich allemal.

Mayarosa

Sabine Trummer stellt alltagstaugliche Kostüme und Kleider aus edlen Stoffen her.
Sanderstraße 6, 12047 Neukölln, U-Bhf. Schönleinstraße
www.mayarosa.de

Seimein

Junge Mode für Damen von Polka und Misiku Yana.
Sanderstraße 4, 12047 Neukölln, U-Bhf. Schönleinstraße

Prenzlauer Berg

Rund um den Kollwitzplatz verlaufen viele kleine Straßen mit ebenso vielen kleinen Geschäften und Cafés. Der Bezirk definiert sich als alternativ, szenig und familienfreundlich. Nichts erinnert an das hektische Großstadttreiben nur ein paar Straßenzüge weiter auf der Schönhauser Allee. Geht man in Richtung U-Bahnhof Eberswalder Straße, stößt man auf die Kastanienallee. Bis zum Rosenthaler Platz reihen sich Geschäfte und Cafés aneinander.

East Berlin

Cora Schwind entwirft urbane Streetware, Basics, Accessoires und Silberschmuck sowie T-Shirts mit Berlinmotiven.
Kastanienallee 13, 10119 Prenzlauer Berg, U-Bhf. Eberswalder Straße
www.eastberlin.net

Flagshipstore

Unter dem Dach des Flagshipstores von Beata Schulte-Wrede und Johanna van den Haak präsentieren sich über dreißig lokale und internationale Modelabels.
Oderberger Straße 53, 10435 Prenzlauer Berg, U-Bhf. Eberswalder Straße, www.flagshipstore-berlin.de

Flohmarkt Arkonaplatz

Auf dem Arkonaplatz wird sonntags bis 18 Uhr sinn- und weniger sinnvoller Nippes aus der Ex-DDR sowie den 50er-, 60er- und 70er-Jahren angeboten.
Arkonaplatz, 10435 Prenzlauer Berg, U-Bhf. Bernauer Straße

Flohmarkt am Mauerpark

Dort, wo sich früher die Grenze zwischen Ost und West befand, ist heute der atmosphärisch schönste Flohmarkt aller Berliner Flohmärkte. Neben dem üppigen Angebot an üblichen Flohmarktartikeln können sich die BesucherInnen auf Liegestühlen in Chill-out-Zonen mit Strandsand und Cocktail ausruhen oder verkannten Stars beim Karaoke zuschauen. In der Bar am Eingang kann man typische Berliner Getränke wie Berliner Weiße »rot« oder »grün« bestellen oder eine frisch gezapfte Fassbrause.

Mauerpark, 10435 Prenzlauer Berg, U-Bhf. Eberswalder Straße

Die Eingangshalle des KaDeWe

Edles aus dem Westen ...

KaDeWe

Das Kaufhaus des Westens ist seit mehr als hundert Jahren eine der ersten Adressen für luxuriöses Einkaufen. Unter seinem Dach wird auf fünf Etagen internationale Mode bekannter Designer angeboten. Mit einer kulinarischen Weltreise wird belohnt, wer bis in die Lebensmittelabteilung im sechsten Stock fährt.

Seit Ende Januar 2009 ist Ursula Vierkötter Chefin des größten Warenhauses auf dem europäischen Festland. Sie leitet 2000 MitarbeiterInnen und wacht über 60.000 Quadratmeter Verkaufsfläche.

Tauentzienstraße 21–24 , 10789 Schöneberg, U-Bhf. Wittenbergplatz, www.kadewe-berlin.de

Chanel
Alles von Coco Chanel für die Dame von Welt
Kurfürstendamm 188 – 189, 10707 Charlottenburg, U-Bhf. Adenauerplatz

Jil Sander
Klar geschnittene, elegante Mode
Kurfürstendamm 185, 10707 Charlottenburg, U-Bhf. Adenauerplatz

Tausendschön
Secondhand-Designerstücke und Vintage-Mode
Shop-Inhaberin Andrea Naumann sucht mit Engagement und diskretem Geschäftssinn persönlich jedes einzelne Kleidungsstück aus. Ein Abendkleid kostet beispielsweise zwischen 29 und 100 Euro.
Windscheidstraße 16, 10627 Charlottenburg, S-Bhf. Charlottenburg
www.tausendschoene.de

… und aus der Friedrichstraße

Evelin Brandt
Die international bekannte Berliner Modedesignerin hat fünf Stores in Berlin. Das Hauptgeschäft in der Friedrichstraße liegt in einem denkmalgeschützten Gebäude.
Friedrichstraße 153 a, 10117 Mitte, U-Bhf. Friedrichstraße
Outlet: Frankfurter Allee 69, 10247 Friedrichshain, U-Bhf. Samariterstraße,
www.evelin-brandt.de

Galeries Lafayette
Der kubische Glaspalast in der Friedrichstraße ist die einzige Auslands-Dependance der Pariser Galeries Lafayette, ein Kaufhaus für Mode und französische Spezialitäten. Zwischen 1819–1827 diente dieser Ort eher gesellschaftlichen Freuden. Im Haus Französische Straße 20 an der Ecke zur Friedrichstraße unterhielt die 1771 in Berlin geborene jüdische Schriftstellerin Rahel Varnhagen von Ense, geborene Levin, ihren literarischen Salon, in dem sich SchriftstellerInnen, DichterInnen und andere gesellschaftliche Größen trafen.
Friedrichstraße 76 – 78, 10117 Mitte, U-Bhf. Französische Straße
www.galeries-lafayette.de

Modedesignerin Claudia Skoda

Claudia Skoda: Im Westen nichts Neues

Experimentierfreude, Know-how, ungewöhnliche Farb- und Materialkombinationen machen den typischen Skoda-Stil aus. Mit exzentrischer Strickmode wurde die in Berlin geborene Modedesignerin Claudia Skoda berühmt, mittlerweile arbeitet sie auch mit anderen Materialien. Claudia Skoda wuchs im Nachkriegsberlin in Steglitz-Lichterfelde auf. Ihr Vater war Schneidermeister und hatte seinen Betrieb in der Steglitzer Schlossstraße – dort, wo heute Karstadt ist. Nachdem Claudia Skoda mit 18 Jahren die Schule verlassen hatte, absolvierte sie ein Volontariat bei der Tageszeitung »Tagesspiegel« und arbeitete als Lektorin in einem Verlag. Für die Frau mit dem Gespür für das Besondere war schöne Mode in Berlin Mangelware. Sie fing an, ihre Vorstellungen individueller Mode selbst zu realisieren, griff zur Stricknadel und begann, Hosen, Kleider und Anzüge zu produzieren. Ort der kreativen Umsetzung war eine Fabriketage in Kreuzberg. »Fabrikneu« hieß das von ihr gegründete Projekt und war Kreativpool und Wohngemeinschaft für KünstlerInnen und KunsthandwerkerInnen. Stars wie Iggy Pop und David Bowie kamen vorbei, wenn Skoda dort ihre Modenschauen inszenierte, der Maler Martin Kippenberger war temporärer Mitbewohner. Mit ihrem kleinen Modelabel zog es die Künstlerin 1982 weiter nach New York, wo sie ihren ersten Laden eröffnete. Fünf Jahre lang pendelte Claudia Skoda zwischen New York und Berlin, zwischen »Business« und »Fabrikneu«. Als Berlin 1988 Kulturhauptstadt wurde, kam sie zurück, organisierte das Modeevent »dressater. die show: dressed to thrill« im Hamburger Bahnhof und blieb. Die Aufbruchstimmung, die 1989 nach dem Mauerfall in der Stadt herrschte, gab ihr neue Impulse. Sie eröffnete einen Laden am Kurfürstendamm und suchte sich eine Wohnung in Mitte. Mittlerweile gehört der Laden am Ku'damm der Vergangenheit an. Immer noch schätzt Claudia Skoda das kreative

Potenzial, das im Ostteil der Stadt liegt. Hierhin hat sie ihren Lebensmittelpunkt gelegt. Nichts zieht sie in den etablierteren Westen der Stadt zurück.

Claudia Skoda über ihr Berlin:

Die Modestadt Berlin ...
gibt es vielleicht in 20 Jahren. Berlin hat zwar sehr viele Jungdesigner, aber Modestadt bedeutet für mich, dass man Mode auch auf der Straße sieht. Selbst in einer so exponierten Straße wie der Alten Schönhauser Straße wird Mode nicht auf der Straße getragen. Viele BerlinerInnen tragen Einheitsbrei. Wenn nicht die Touristen wären, die nach Berliner Kreativpotenzial suchen würden, würde hier gar nichts passieren.

Das Besondere der Stadt ...
ist, dass man hier Freiheiten hat, die man woanders nicht mehr findet. Das kulturelle Leben in Berlin ist ziemlich einzigartig. Man stellt spontan Dinge auf die Beine, ohne zu fragen, ob es richtig oder falsch ist.

Typisch berlinerisch ...
ist, dass die Berliner immer alles besser wissen als andere.

Der schönste Stadtteil ...
ist Mitte mit dem Gendarmenmarkt und der Museumsinsel. Auch die Gegenden um den Strausberger Platz und die Karl-Marx-Allee sind sehr reizvoll und die einzigen Stellen in Berlin, die wirklich Großstadt verströmen.

Berlin ist am schönsten ...
im Sommer, wenn sich das Leben auf den Straßen abspielt. Im Sommer möchte man nirgendwo anders sein, auch wegen des tollen Umlands.

Eine Kuriosität ...
ist der Berliner an sich. Er ist rotzig und trotzig. Es ist schon sehr lustig, auf was für Menschen man hier trifft.

Mein Berlin ...
ist die Mitte. Hier ist es sehr charmant, und es gibt immer etwas Neues zu entdecken. Es macht einfach Spaß, einfach nur so durch die Straßen zu schlendern.

Berlin in einem Satz:
Modern wird's von alleine.

Zwischen Strausberger Platz und Frankfurter Tor entstand zwischen 1951 und 1964 die Karl-Marx-Allee im Stil des sowjetischen Neoklassizismus

Claudia Skoda

In der Alten Schönhauser Straße in Berlin-Mitte hat Claudia Skoda ihr Geschäft, ihre Wohnung und ihre Prototypenwerkstatt. Die Modedesignerin, die bis heute unabhängig von großen Konzernen arbeitet, entwirft hier gemeinsam mit zwei Kolleginnen ihre neuen Kollektionen und setzt sich zum Experimentieren selbst an die Strickmaschine.
skoda GmbH, Alte Schönhauser Straße 35, 10119 Mitte, U-Bhf. Weinmeisterstraße, www.claudiaskoda.com

Galerie Kicken Berlin

Der Maler, Fotograf und Bildhauer Martin Kippenberger gestaltete während seiner Zeit in der »Fabrikneu« den Fußboden des Ateliers mit Fotos von den in der Fabrik lebenden und agierenden KünstlerInnen. Dieser Boden diente als Laufsteg für Claudia Skodas spektakuläre Modeshows. Der Galerist Daniel Kicken hat den Laufsteg in den ehemaligen Fabrikräumen der »Fabrikneu« frei gelegt und vor dem Vergessen bewahrt. Zurzeit sind die 20 Aluminiumplatten in der Größe von zweimal einem Meter in der Kunsthalle Hamburger Bahnhof gelagert und warten dort auf ihren Verkauf.
Linienstraße 155, 10115 Mitte, U-Bhf. Rosenthaler Platz
www.kicken-gallery.com

Mitte

Zu Claudia Skodas Lieblingsorten in Berlin gehören die Straßen in Mitte, der Gendarmenmarkt, die Museumsinsel und die Karl-Marx-Allee. Die »angesagte Mitte« liegt in den Straßen und Gassen rund um die Hackeschen Höfe, Rosenthaler-, Brunnen- und Oranienburger Straße. Zahlreiche Galerien, Geschäfte, Cafés, Clubs und Bars prägen das Ambiente des Stadtteils.
U-Bhf. Weinmeisterstraße, S-Bhf. Hackescher Markt

Gendarmenmarkt

Der Gendarmenmarkt gilt als einer der schönsten Plätze Europas.
10117 Mitte, U-Bhf. Französische Straße

Museumsinsel

Fünf Museen – das Alte Museum, das Neue Museum, die Alte Nationalgalerie, das Bode-Museum und das Pergamonmuseum –bilden die Museumsinsel, die seit 1999 zum Weltkulturerbe der UNESCO gehört. Im Neuen Museum hat »die schönste Berlinerin«, Nofretete, ihren Platz. Die Büste ist eines der berühmtesten Kunstwerke der Welt. Der Ägyptologe Ludwig Borchardt entdeckte die Büste 1912 bei Ausgrabungen und brachte sie nach Berlin.

Am Lustgarten, 10178 Mitte, Bus 100 und 200, Haltestelle: Lustgarten
www.museumsinsel-berlin.de

Das Bode-Museum gehört zum Ensemble der Museumsinsel

Karl-Marx-Allee

Prächtige Wohnblöcke aus den 1950er-Jahren im Stil des sozialistischen Klassizismus säumen die Karl-Marx-Allee, die sich vom Alexanderplatz bis zum Frankfurter Tor erstreckt. Etwa in der Mitte liegt der Strausberger Platz mit seinen Hochhäusern.

U-Bhf. Strausberger Platz

Notizen

Service-Adressen und Tipps

Im November 1989

Unterwegs in Berlin

Anreise mit dem Auto:

Seit dem 1. Januar 2008 dürfen nur noch Fahrzeuge mit Umweltplakette innerhalb des Berliner S-Bahnringes fahren. Auch als TouristIn benötigen Sie diese Plakette, wenn Sie mit dem Auto anreisen. Alle Informationen und Online-Bestellung der Plakette auf:
www.umwelt-plakette.de

BVG

Berlin hat ein dichtes Verkehrsnetz. Fahrkarten müssen vor Fahrtantritt immer entwertet werden. Für TouristInnen, die viel unterwegs sind, rentiert sich die Tageskarte. Einmal abgestempelt, gilt sie bis nachts um drei Uhr. Gültig ist sie für Bus, Tram, S- und U-Bahn. Ab einem Aufenthalt von fünf Tagen lohnt es sich, eine Sieben-Tageskarte zu erwerben. Es gibt auch Kleingruppenkarten. Die aktuellen Fahrpreise entnehmen Sie bitte der Homepage der BVG:
www.bvg.de

Call a Bike

Wer spontan mit dem Rad fahren möchte, kann das Call a Bike-Angebot der Deutschen Bahn nutzen. Die Minute wird mit 8 Cent abgerechnet (Bahn-Card-InhaberInnen 6 Cent), 24 Stunden kosten rund 9 Euro. Die Räder findet man überall in der Stadt, die Anmeldung wird in einfachen Schritten erklärt.
www.callabike-interaktiv.de

Stadtplan

Den virtuellen Berliner Stadtplan und viele weitere Infos zu Kultur und Veranstaltungen finden Sie unter
www.berlin.de

Touristeninformationen vor Ort

Im Neuen Kranzlereck, Kurfürstendamm 21, 10715 Charlottenburg, U-Bhf. Kurfürstendamm
sowie am Brandenburger Tor, am Hauptbahnhof und am Alexanderplatz im Einkaufszentrum ALEXA.
Tel. 030–250025, www.visitberlin.de

Call a Bike Fahrrad Deutsche Bahn

Stadttouren

Frauentouren

Claudia von Gélieu und Beate Neubauer veranstalten seit 1988 Führungen und Vorträge zur Frauengeschichte in Berlin und Brandenburg.

www.frauentouren.de

movin' queer berlin

Der Reiseservice, der von der Autorin geführt wird, vermittelt Stadttouren zu allen Themen, die Sie sich wünschen. Zudem können Sie Booklets mit festen Routen erwerben und damit eine Stadtführung auf eigene Faust unternehmen. Im Sommer werden geführte Radtouren ins Berliner Umland angeboten.

www.movinqueer.de

Kulturschwärmerinnen

Die Kulturschwärmerinnen entdecken unter Anleitung von Katja Koblitz gemeinsam Berliner Ausstellungen, Museen und Orte und finden dabei Bezugspunkte zur Geschichte von Lesben.

Infos und Termine: Spinnboden Lesbenarchiv, www.spinnboden.de oder direkt bei Katja Koblitz, Tel. 030 – 787 149 97

Die Nachtschwärmerinnen

Jeden zweiten Samstag im Monat um 21 Uhr treffen sich Frauen – vornehmlich Lesben –, um gemeinsam das Berliner Nachtleben zu erkunden. Anlaufstellen sind Bars und Partys, um gemeinsam zu

reden, zu trinken und zu feiern. Die Nachtschwärmerinnen sind eine offene Gruppe, an der alle Frauen kostenlos teilnehmen können.
Treffpunkt: Spinnbodenarchiv in der Weiberwirtschaft, 2. HH, 3. Aufgang, 2. Stock, Anklamer Straße 38, 10115 Mitte, U-Bhf. Bernauer Straße, www.spinnboden.de

Ausflug mit dem 100er und 200er Bus
Die Linienbusse 100 und 200 fahren an vielen Sehenswürdigkeiten vorbei. Eine Tour führt mit dem Bus 100 vom Zoologischen Garten bis Alexanderplatz und vom Alexanderplatz zurück zum Zoo mit dem 200er-Bus. Steigen Sie am Zoologischen Garten an der Haltesstelle Hertzallee ein. Es ist der erste Halt und somit besteht die Möglichkeit, einen der begehrten Plätze vorn im Oberdeck zu ergattern.

Souvenir aus der Blindenwerkstatt DIM

Barrierefrei durch Berlin

Die Datenbanken Mobidat und Lebenschancen Berlin enthalten viele Informationen, Berlin barrierefrei zu erkunden. Hier finden Sie Tipps für Übernachtungen, Restaurants, Stadtführungen, barrierefreie Bahnhöfe und Museen.
www.mobidat.net und www.lebenschancen-berlin.de

Anreise

Alle Fernbahnhöfe und Flughäfen in Berlin sind barrierefrei zugänglich. Sie sind mit Blindenleitsystemen und Aufzügen ausgestattet.

Museen

Die Staatlichen Museen in Berlin bieten über ihre Besucherdienste verschiedene Führungen für Menschen mit Behinderung an.
Infos unter: 030 – 266 29 51.

Übernachtung

Das Frauenhotel Intermezzo hat ein rolligerechtes Doppelzimmer mit Dusche und WC.
Gertrud-Kolmar-Straße 5, 10117 Mitte, U-Bhf. Mohrenstraße
www.hotelintermezzo.de

Netzwerk behinderter Frauen Berlin e.V.

Leinestraße 51, 12049 Neukölln, U-Bhf. Leinestraße
Telefon: 030 – 617 091 67
www.netzwerk-behinderter-frauen-berlin.de

Frauenzentrum RuT – Rad und Tat –

Offene Initiative Lesbischer Frauen
Das Frauenzentrum RuT wurde 1989 in ebenerdigen, rolligerechten Räumen eingerichtet. Das Veranstaltungsprogramm richtet sich besonders an behinderte und ältere Frauen. Jeden Freitag ab 17 Uhr werden im Café Filme gezeigt.
Schillerpromenade 1, 12049 Neukölln, U-Bhf. Boddinstraße
www.lesbischeinitiativerut.de

Gestisches Theater

Das 1999 gegründete Gestische Theater ist ein multikulturelles Pantomimentheater, deren Mitglieder gehörlos oder hörgeschädigt sind.
Wilhelm-Mertens-Haus in der Kulturbrauerei, Schönhauser Allee 36, 10435 Prenzlauer Berg, U-Bhf. Eberswalder Straße
www.gestisches-theater-berlin.de

Unsicht-Bar

In Berlins Dunkelrestaurant speisen die Gäste in hundertprozentiger Dunkelheit. Bedient werden sie von blinden und sehbehinderten Menschen. Bestellungen erfolgen über Zuruf.
unsicht-Bar Berlin, Gormannstraße 14, 10119 Mitte, U-Bhf. Weinmeisterstraße, www.unsicht-bar.com

DIM – Die Imaginäre Manufaktur

Seit 1998 werden im Werkstattladen der Blindenanstalt neben herkömmlicher Blindenware fantasievolle Produkte angeboten, die Namen wie Kokoskurve oder Einest tragen. Die Kokoskurve dient als Weinregal, das Einest ist ein buntes Eierbecher-Set aus gestylten Spülbürsten. Ein wunderbares Berlin-Souvenir ist das Brandenburger Tor – aus Spülbürsten.
Oranienstraße 26, 10999 Kreuzberg, U-Bhf. Kottbusser Tor
www.blindenanstalt.de

Unterkunft

Women only

Frauenhotel Artemisia

Ein kleines Hotel nur für Frauen mit zwölf Zimmern, Tagungsraum, kleiner Kunstgalerie und Dachterrasse.
Preise: DZ ab 78 Euro; EZ ab 54 Euro, Frühstück: 7 Euro
Brandenburgische Straße 18, 10707 Charlottenburg-Wilmersdorf
U-Bhf. Konstanzer Straße, Telefon: 030 – 873 89 05
www.frauenhotel-berlin.de

Hotel Intermezzo

17 Zimmer in der Mitte Berlins zwischen Brandenburger Tor, Reichstag und Potsdamer Platz. Das Hotel verfügt über ein behindertengerecht ausgestattetes Zwei-Bettzimmer.
Preise: DZ ab 75 Euro; EZ ab 49 Euro, Frühstück: 6 Euro
Gertrud-Kolmar-Straße 5, 10117 Mitte, U-Bhf. Mohrenstraße
Telefon: 030 – 224 890 96, www.hotelintermezzo.de

Weitere Hotels

Arte Luise Kunsthotel

Die knapp 50 Zimmer des ehemaligen »Künstlerheims Luise« in einem zentral in Mitte gelegenen klassizistischen Stadtpalais (in dem sich zu DDR-Zeiten der Künstlerklub »Die Möwe« befand) mit modernem Erweiterungsbau wurden alle von verschiedenen Künstle-

rinnen und Künstlern gestaltet, darunter »Drei Damen in Rot« von Elvira Bach oder das plüschige Zimmer »Cabaret« der kanadischen Künstlerin Nathalie Daoust, das ins Berlin der 20er-Jahre entführt.
Preise: DZ ab 79 Euro; EZ ab 49 Euro; Suite ab 130 Euro, Frühstück: 11 Euro; Luisenstraße 19, 10117 Mitte, Bus TXL, Haltestelle: Karlplatz; U/S-Bhf. Friedrichstraße
Telefon: 030–28448-0, www.luise-berlin.com

Hotel Bogota

Das Hotel Bogota wurde 1911 als Wohnhaus erbaut. In der vierten und fünften Etage hatte die deutsch-jüdische Fotografin Yva (1900 als Else Ernestine Neuländer in Berlin geboren) von 1935 bis 1939 Wohnung und Atelier, bei der 1936 auch Helmut Newton seine Ausbildung zum Modefotografen absolvierte. 1938 erhielt die Jüdin Berufsverbot. Sie musste ihr Atelier mit bis zu zehn Angestellten aufgeben und verdiente ihren Lebensunterhalt als Röntgenassistentin im Jüdischen Krankenhaus. 1942 wurde sie von den Nazis im Konzentrationslager Majdanek ermordet. Fotos von Yva schmücken heute noch die Wände der Halle im vierten Stock, ihrem ehemaligen Atelier. Auf dem Dachgarten des Hauses machte Yva die ersten Experimente mit der Farbfotografie.
Preise: DZ ab 64 Euro
Schlüterstraße 45, 10707 Charlottenburg, S-Bhf. Savignyplatz
Telefon: 030– 881 50 01, www.bogota.de

Hotel Sachsenhof

Im Hotel Sachsenhof lebte von 1924 bis 1933 die Dichterin Else Lasker-Schüler.
Preise: DZ ab 65 Euro, EZ ab 50 Euro, Frühstück 6,50 Euro
Motzstraße 7, 10777 Schöneberg, U-Bhf. Nollendorfplatz
Telefon: 030 – 216 20 74, www.hotel-sachsenhof-berlin.de

Hotel Taunus

Das einfache Hotel liegt direkt in Mitte. Vorteile sind seine zentrale Lage und das für diese Lage relativ günstige Preis-Leistungsverhältnis. Leider sind die Zimmer recht laut, weil direkt vor dem Haus die Straßenbahn vorbeifährt. An dieser Adresse wohnte einst die Schriftstellerin Bettina von Arnim. Sie wurde 1785 in Frankfurt am Main geboren und kam 1810 nach Berlin. Hier lebte sie zunächst im Haus ihres Schwagers Friedrich Carl von Savigny am Monbijouplatz 1.

Preise: DZ ab 59 Euro.
Monbijouplatz 1, 10178 Mitte, S-Bhf. Hackesche Höfe
Telefon: 030–283 52 54, www.hoteltaunus.com

Schlosshotel im Grunewald

Luxushotel im Villenviertel Grunewald mit nostalgischem Flair. Im Wintergarten des damaligen Hotels Gehrus wurden am 18.12. 1975 Romy Schneider und Daniel Biasini getraut.
Das Hotel war in den 60er- und 70er-Jahren Treffpunkt internationaler Stars. Nach 1984 verfiel das Anwesen. 1991 erwarb eine Gemeinschaft von Berliner Privatfamilien das Haus und ließ es nach den Plänen von Karl Lagerfeld umgestalten. Während der Fußballweltmeisterschaft 2006 logierte hier die Deutsche Nationalmannschaft.
Preise: DZ ab 245 Euro
Brahmsstraße 10, 14193 Grunewald, S-Bhf. Grunewald
Telefon: 030–895 84 0, www.schlosshotelberlin.com

Schlosshotel im Grunewald

Pensionen

Hotel-Pension Funk

Übernachtung in der Jugendstilwohnung der Schauspielerin Asta Nielsen, die hier von 1931 bis 1937 lebte. Die Pension hat 15 Zimmer.
Preise: DZ ab 69 Euro; EZ ab 42 Euro incl. Frühstücksbuffet
Fasanenstraße 69, 10719 Charlottenburg, U-Bhf. Kurfürstendamm
Telefon: 030 – 882 71 93, www.hotel-pensionfunk.de

Schall und Rauch

Pension, Café, Bar, Restaurant
Übernachtung in Prenzlauer Berg in einer queeren Pension.
Preise: DZ ab 83 Euro, EZ ab 45 Euro, inkl. Frühstücksbuffet
Gleimstraße 23, 10437 Prenzlauer Berg, U-Bhf./S-Bhf. Schönhauser Allee, Telefon: 030 – 443 39 70
www.schall-und-rauch.de

Bed & Breakfast

Frauenbude

Die Frauenbude vermittelt private Unterkünfte für Frauen bei Frauen.
Preis: ab 15 Euro pro Person, www.frauenbu.de

movin' queer berlin

Der Reiseservice für die Stadt vermittelt private Unterkünfte für Frauen, Gays und Frauen in Begleitung von Männern.
Preis: ab 15 Euro pro Person, Apartments ab 70 Euro pro Nacht
www.movinqueer.de

Hausgemachte Schokoladen von Art en chocolat

Restaurants und Cafés

Anna Blume

Café und Blumenladen. Man kann beim Backen der hausgemachten Kuchen zusehen.

Kollwitzstraße 83, 10405 Mitte, U-Bhf. Senefelder Platz
www.anna-blume-cafe.de

Art en chocolat

Chocolaterie & Espressobar
Schokolade in Stückchen und Schlückchen aus der Produktion von Angela von Tallián.

Oranienplatz 15, 10999 Kreuzberg, U-Bhf. Moritzplatz
www.art-chocolat.de

Barcomi's

Hausgemachter Carrot Cake oder New York Cheese Cake in Kreuzberg und in Mitte. Auf Cynthia Barcomis Website gibt es Backtipps und Infos rund um die amerikanische Wahlberlinerin und ihre Bücher.

Barcomi's Kaffeerösterei, Bergmannstr. 21, 10961 Kreuzberg
Barcomi's Deli, Sophienstraße 21, 10178 Mitte
www.barcomis.de, www.cynthiabarcomi.com

Brechtkeller im Brechthaus

Hier werden Gerichte nach den Originalrezepten der Wienerin Helene Weigel (> S. 76f.) gekocht. Mit Gartenlokal.

Chausseestraße 125, 10115 Mitte, U-Bhf. Zinnowitzer Straße
www.brechtkeller.de

Café Einstein

Wiener Caféhaus seit 1978, Baujahr 1898, mit Garten, Pavillon und Außenbar.
Im Haus wohnte Anfang des 20. Jahrhunderts die Schauspielerin Henny Porten. Heute werden hier hausgerösteter Kaffee, Kuchen und Speisen gereicht.
Kurfürstenstraße 58, 10785 Tiergarten, U-Bhf. Nollendorfplatz
www.cafeeinstein.com

Neben Gerüchten gibt es in der Gerüchteküche auch feine Gerichte

Die Rebellion des Zimtsterns

Kleines Café, das von zwei Schwestern geführt wird. Alle Speisen sind vegetarisch und biologisch. Sehr gute und preiswerte Mittagsgerichte, selbstgebackene Kuchen und Zimtsterne.
Schlesische Straße 38. 10997 Kreuzberg, U-Bhf. Schlesisches Tor

Gerüchteküche

Für FreundInnen der guten Suppen. Im Sommer kann draußen gespeist werden.
Oranienstraße 16, 10997 Kreuzberg, U-Bhf. Görlitzer Bahnhof

Goko

Japanisches Restaurant

2002 eröffneten die beiden Unternehmerin Serpil Kurum und die japanische Künstlerin Chizuru Shirato das japanische 5-Elemente-Restaurant Goko.

Neue Schönhauser Straße 12 , 10178 Mitte, U-Bhf. Weinmeisterstraße, www.go-ko.com

Gusto

Restaurantchefin Anabela Campos-Neves kocht alles – vom Wiener Schnitzel über Biobratwurst mit Spitzkohl und Kartoffelgemüse bis hin zu vegetarischen Gerichten.

Pestalozzistraße 3, 10627 Charlottenburg, S-Bhf. Savignyplatz

Henne

In dem Alt-Berliner Wirtshaus werden die knusprigsten Milchmasthähnchen der Stadt serviert. Dazu empfiehlt sich ein Kraut- oder Kartoffelsalat. Um Reservierung wird gebeten.

Leuschnerdamm 25, 10999 Kreuzberg, Bus M29, Haltestelle: Oranienplatz, Telefon: 030 – 614 77 30, www.henne-berlin.de

Konditorei und Café Buchwald

Das von Ursula Kantelberg in der vierten Generation betriebene herrlich altmodische Café Buchwald im Hansaviertel an der Spree ist für seine Baumkuchen berühmt.

Konditorei & Cafe G.Buchwald, Bartningallee 29, 10557 Tiergarten www.konditorei-buchwald.de

Las Primas

Bar und Restaurant mit mediterraner Küche. Die Bar wird von zwei Spanierinnen geführt und hat sich auch als Treffpunkt lesbischer Frauen etabliert.

Wrangelstraße 54, 10997 Kreuzberg, U-Bhf. Schlesisches Tor

Locus

Café, Kneipe und Restaurant mit Terrasse

Mexikanische und internationale Küche, beliebter Treffpunkt für lesbische Frauen.

Marheinekeplatz 4, 10961 Kreuzberg, U-Bhf. Gneisenaustraße www.locus-berlin.de

Nibs
Im Schokoladenladen von Lara Aref Omar kann man verschiedene Kakaosorten probieren. Sehr zu empfehlen ist die spanische Trinkschokolade mit frisch gebackenen Churros.
Bleibtreustraße 46, 10623 Charlottenburg, S-Bhf. Savignyplatz
www.nibscacao.de

Oregano
Imbiss
Beste Wok-Kebabs, auch vegetarisch, und Steinofenpizza.
Oranienstraße 19 a, 10997 Kreuzberg, U-Bhf. Görlitzer Bahnhof

Pizzaklub
Ein deutsch-italienisches Team backt neapolitanische Pizzen und bereitet Pasta al dente zu. Der Pizzaklub ist ein beliebter Treffpunkt für Lesben.
Katzlerstraße 10, 10829 Schöneberg, S-Bhf. Yorckstraße
Montags Ruhetag, www.pizzaklub.de

Raststätte Gnadenbrot
Die Raststätte ist ein ehemaliges jugoslawisches Restaurant im Originalambiente mit kitschigen Accessoires. Neben dem Brot aus dem Selbstbedienungsbereich, das als solide Grundlage für die großzügig ausgeschenkten Getränke dient, bietet die Küche schmackhafte und preiswerte Speisen. Vegetarisch, Fisch und Fleisch. Im Sommer kann man draußen sitzen.
Martin-Luther-Straße 20a, 10777 Schöneberg, U-Bhf. Nollendorfplatz, www.raststaette-gnadenbrot.de

Sarah-Wiener-Restaurants in Berlin
Das Speisezimmer
Chausseestraße 8, im Innenhof, 10115 Mitte
U-Bhf. Oranienburger Tor
Sarah Wiener in der Akademie der Künste
Pariser Platz 4, 10117 Mitte, S-Bhf. Unter den Linden
Sarah Wiener im Hamburger Bahnhof
Invalidenstraße 50 – 51, 10557 Tiergarten, S-Bhf. Hauptbahnhof
Wiener Kaffeehaus im Museum für Kommunikation
Leipziger Straße 16, 10117 Mitte, U-Bhf. Stadtmitte
www.sarahwieners.de

Schall und Rauch

Queeres Café, Bar, Restaurant, Pension mit Terrasse

Das Schall und Rauch wurde mit dem Deutschen Innenarchitekturpreis ausgezeichnet und serviert internationale, auch vegetarische Küche.

Gleimstraße 23, 10437 Prenzlauer Berg, U-Bhf. Schönhauser Allee

www.schall-und-rauch.de

Pizzaklub

Wasserguss im Sultan Hamam

Wellness und Sauna

HAMAM

Türkisches Frauenbad und Sauna im Frauenstadtteilzentrum Schokofabrik

Mariannenstraße 6, HH, 10997 Kreuzberg, U-Bhf. Görlitzer Bahnhof
www.hamamberlin.de

Sultan Hamam

Traditionelles türkisches Bad und Sauna

Bis auf montags und sonntags Frauentage, Bülowstraße 57, 10783 Schöneberg, U-Bhf. Bülowstraße, www.sultan-hamam.de

Badeschiff

Im Sommer ist der in die Spree eingelassene Pool Schwimmbad, im Winter verwandelt sich die Anlage unter einem futuristisch anmutenden Dach in eine Saunalandschaft mit zwei Saunen, Pool und Bar.

Frauensauna: mittwochs und samstags von 10 – 14 Uhr
www.arena-berlin.de

Jopp-Frauenfitness

Eine Tageskarte bei Jopp-Frauenfitness kostet 25 Euro incl. Gerätetraining, Kursen und Sauna.

In Berlin gibt es mehrere Jopp-Studios. Empfehlenswert und großstädtisch ist das Studio in der Tauentzienstraße 13a.

Sowohl beim Cardiotraining als auch beim Ruhen nach dem Saunagang genießt man einen schönen Blick auf den Kurfürstendamm. In der großen finnischen Sauna ermöglichen Bullaugen einen Blick auf den Ku'damm. Eine große Sonnenterrasse über den Dächern Berlins rundet das Vergnügen ab.
Tauentzienstraße 13 a, 10789 Charlottenburg, U-Bhf. Kurfürstendamm
Alle Studios unter: www.jopp.de

Das Schiff in der Spree – im Sommer Swimmingpool, im Winter Sauna

Kultur mit Kids

Auch jenseits von Zoo und Tierpark gibt es in Berlin mit Kindern viele spannende Dinge zu unternehmen. Viele Museen in Berlin machen Kindern Spaß und bieten regelmäßig Führungen und besondere Programme an.
Absolut empfehlenswert für alles rund ums Museum ist die Seite www.museumsportal-berlin.de. Unter der Rubrik »Besucherdienste« werden aktuelle Angebote und Führungen für Kinder und Jugendliche angezeigt.

Museen

Jüdisches Museum

Entdeckungsreise zur deutsch-jüdischen Kultur und Geschichte in einem Museumsbau von Daniel Libeskind

Lindenstraße 9 – 14, 10969 Kreuzberg, U-Bhf. Hallesches Tor
Öffnungszeiten: täglich 10–20 Uhr; montags 10–22 Uhr, Kinder unter 6 Jahren frei; www.jmberlin.de

Jugendmuseum Schöneberg

Experimentierfreudiges Geschichtsmuseum

Hauptstraße 40/42, 10827 Schöneberg, U-Bhf. Eisenacher Straße
Öffnungszeiten: mittwochs und donnerstags 15 – 18 Uhr; samstags und sonntags 14 – 18 Uhr, Eintritt frei, www.jugendmuseum.de

Juniormuseum im Ethnologischen Museum

Erlebnislandschaften für Kinder von 8 – 12 Jahren

Arnimallee 23, 14195 Dahlem, U-Bhf. Dahlem-Dorf
Öffnungszeiten: dienstags bis freitags 13 – 18 Uhr; samstags und sonntags 11 – 18 Uhr, Kinderführungen sonntags um 14 Uhr
www.juniormuseum-berlin.de

Labyrinth Kindermuseum

Erlebnisausstellungen in einem ehemaligen Fabrikgebäude

Osloer Straße 12, 13359 Wedding, U-Bhf. Pankstraße
Öffnungszeiten: freitags und samstags 13 – 18 Uhr, sonntags 11 – 18 Uhr, in den Ferien auch montags bis freitags 9–18 Uhr.
www.labyrinth-kindermuseum.de

MACH mit! Museum für Kinder

Interaktives Museum für Kinder in einer umgebauten Kirche

Senefelderstraße 5, 10437 Prenzlauer Berg
U-Bhf. Eberswalder Straße, Öffnungszeiten: dienstags bis sonntags 10 – 18 Uhr, Kinder unter 3 Jahren frei, www.machmitmuseum.de

Museum für Naturkunde

Reise in die Welt der Dinosaurier mit dem weltweit größten aufgestellten Dinosaurierskelett

Invalidenstraße 43, 10115 Mitte, U-Bhf. Zinnowitzer Straße
Öffnungszeiten: dienstags bis freitags 9–17 Uhr, samstags und sonntags 10–18 Uhr, www.naturkundemuseum-berlin.de

Science Center Spectrum im Deutschen Technikmuseum

Spannende interaktive Experimentierstationen zu Naturwissenschaft und Technik für Kinder und Jugendliche. Besonders gefragt: das Hexenhaus.

Möckernstraße 26, 10963 Kreuzberg, U-Bhf. Gleisdreieck
Öffnungszeiten: dienstags bis freitags 9–17.30 Uhr, samstags und sonntags 10–18 Uhr, www.sdtb.de

Theater

Atze

Theater- und Konzerthaus für Kinder von 4 bis 13 Jahren
Inszenierungen von klassischen Märchenstoffen, Klassikern der Kinderliteratur von Astrid Lindgren, Janosch oder Michael Ende und Stücken über das Leben von Bach, Vivaldi oder Einstein.
Max-Beckmann-Saal, Luxemburger Straße 20, 13353 Wedding, U-Bhf. Amrumer Straße, www.atzeberlin.de

Figurentheater Grashüpfer

Spielstätte für Puppentheater und Ort der Märchenerzähler
Das Theater wurde 1984 gegründet. Die Märchenstücke werden mit Marionetten, Schatten- oder Stabpuppen oder mit traditionellen Handpuppen aufgeführt. Für Kinder ab 3 Jahren.
Im Treptower Park, Puschkinallee 16 a, 12435 Treptow
S-Bhf. Treptower Park, www.theater-grashuepfer.de

GRIPS Theater

Realistisches Theater für Kinder und Jugendliche
Seit 1972 trägt das Kinder- und Jugendtheater den Namen GRIPS. 1986 feierte das Theater mit dem Stück »Linie 1« seinen größten Erfolg. Die Stücke des GRIPS-Theaters sind gesellschaftskritisch und stellen Kinder und Jugendliche in den Mittelpunkt der Geschichten.
Altonaer Straße 22, 10557 Tiergarten, U-Bhf. Hansaplatz
www.grips-theater.de

Hans Wurst Nachfahren

Puppentheater
Das Puppentheater wurde 1981 gegründet. Thema der Inszenierungen sind Märchen aus aller Welt, die mit modernen und traditionellen Puppenspieltechniken erzählt werden. Das Theater bietet auch Stücke für Erwachsene an.
Gleditschstraße 5, 10781 Schöneberg, U-Bhf. Nollendorfplatz
www.hans-wurst-nachfahren.de

Theater Strahl Berlin

Jugendtheater für Kids ab zwölf Jahren
Seit seiner Gründung im Jahr 1987 leistet das STRAHL als einziges reines Jugendtheater einen wichtigen Beitrag zur kulturellen Bil-

dung. Die Stücke setzen sich mit Perspektiven, Ängsten, Wünschen und Fähigkeiten der jungen Generation auseinander.
Martin-Luther-Straße 77, 10825 Schöneberg, U-Bhf. Bayerischer Platz, www.theater-strahl.de

Circus Cabuwazi

Kinderfreizeit

Bonbonmacherei

In den Heckmann Höfen in Mitte bereiten Katja Kolbe und Hjalmar Stecher Waldmeisterbonbons, Feuerhimbeeren und andere Köstlichkeiten zu – wobei man ihnen zuschauen kann. Auf der Website der Bonbonmacherei ist als Einstimmung die schöne Kurzgeschichte »Mit Lecker-Garantie« von Carmen Francesca Banciu über die Bonbonmacherei und den »Geschmack der Kindheit« nachzulesen.
Heckmann Höfe, Oranienburger Str. 32,10117 Mitte, Tel.: 030–44055243 Öffnunszeiten: mittwochs bis sonntags 12-20 Uhr, Sommerpause im Juli/August, www.bonbonmacherei.de

Circus Cabuwazi

Der 1994 gegründete Kulturbetrieb hat vier Berliner Zeltstandorte in Altglienicke, Kreuzberg, Marzahn und Treptow. Er ist Europas größter Kinder- und Jugendzirkus. Das Training ist kostenlos, an allen Tagen werden offene Gruppen angeboten.

Zelt in Kreuzberg: Gröbenufer 2, U-Bhf. Schlesisches Tor
Zelt in Treptow: Bouchéstraße 74, S-Bhf. Treptower Park
www.cabuwazi.de

FEZ

Das FEZ-Berlin ist Europas größtes gemeinnütziges Kinder-, Jugend- und Familienzentrum. Auf 13.000 Quadratmetern Fläche gibt es diverse Aktivitäten zu Kunst, Theater oder Raumfahrt sowie ein Kindermuseum, ein Schwimmbad, und ein Tagungshaus, um nur einiges zu nennen. Im Sommer kann man im Badesee schwimmen. Im Wuhlheide-Park gibt es auch einen Kletterwald und von Mitte März bis Mitte Oktober eine von Kindern betriebene Parkeisenbahn.

An der Wuhlheide 197, 12459 Köpenick, S-Bhf. Wuhlheide
www.fez-berlin.de

Gelbe Villa

Kreativ- und Bildungszentrum für Kinder und Jugendliche.
Nachmittags steht das Haus allen Kindern für kostenlose Aktivitäten offen. Hier gibt es das Kinder- und Jugendrestaurant »Fünf Jahreszeiten« und eine Milchbar. Im Restaurant wird für einen Euro ein Drei-Gänge-Menü mit Getränk serviert. Das Restaurant hat zwischen 12 und 15 Uhr geöffnet.

Wilhelmshöhe 10, 10965 Kreuzberg, U-Bhf. Luftbrücke
www.die-gelbe-villa.de

Radialsystem V

Das Radialsystem V mit dem Schwerpunkt Musik und Tanz bietet regelmäßig familienfreundliche Veranstaltungen an. Für 3-8-Jährige wird auf Anfrage eine Kinderbetreuung während der Nachmittagsveranstaltungen für 5 Euro pro Kind angeboten.

Holzmarktstraße 33, 10243 Friedrichshain, S-Bhf. Ostbahnhof
www.radialsystem.de > auch S. 193ff.

Spielplätze & Co.
Wer Abenteuer- und Indoor-Spielplätze oder Kinderbauernhöfe sucht, findet diese unter www.berlin.kinder-stadt.de

Stadtführungen für Kinder
Stadtführungen für Kinder mit und ohne elterliche Begleitung unter www.berlin-mit-kindern.de

Flexible Kinderbetreuung und Übernachtung

Die Kinderpensionen übernehmen rund um die Uhr die Betreuung Ihrer Kinder. So können Sie abends ins Theater gehen und wissen Ihre Kinder gut versorgt. Neben einem Kindertagesstättenprogramm bieten die Einrichtungen auch Übernachtungen für Kinder an.

Kinderzeit
Für Kinder bis 10 Jahren
Tagesbetreuung Stunde 10 Euro; Übernachtung mit Frühstück 35 Euro
Rudower Straße 54, 12524 Treptow, S-Bhf. Adlershof
www.kinderzeit-jederzeit.de

Kinderinsel
Für Kinder bis 14 Jahren
Tagesbetreuung Stunde 13 Euro; Übernachtung 69 Euro
Eichendorffstraße 17, 10115 Mitte, U-Bhf. Zinnowitzer Straße
www.kinderinsel.de

Kleine Vagabunden
Für Kinder bis 12 Jahren
Betreuung: Stunde 10 Euro (erm. 7,50 Euro)
Benjamin-Vogelsdorff-Straße 3, 13187 Pankow, U-Bhf. Pankow
http://kinderhotel-berlin.de

Buchläden

Anagramm
Ein Team von fünf Buchhändlerinnen engagiert sich besonders im Kinder- und Jugendbuchbereich.
Mehringdamm 50, 10961 Kreuzberg, U-Bhf. Mehringdamm
www.anagramm-buch.de

Anakoluth
Buchladen mit großem Angebot an Frauenliteratur
Schönhauser Allee 124, 10437 Prenzlauer Berg, S-Bhf. Schönhauser Allee, www.anakoluth.de

buchhandlung oh*21
Buchladen mit Literatur zu feministischer Theorie und Praxis
Oranienstraße 21, 10999 Kreuzberg, U-Bhf. Kottbusser Tor
www.buchhandlungoh21.de

Bücherbogen
Literatur zu Architektur, Kunst, Foto, Film, Design
Stadtbahnbogen 593, 10623 Charlottenburg, U-Bhf. Savignyplatz
www.buecherbogen.com

Dante Connection
Bücher nicht nur für ItalienliebhaberInnen
Oranienstraße 165a, 10999 Kreuzberg, U-Bhf. Kottbusser Tor

Dussmann Kulturkaufhaus
Mehrstöckiges, montags bis samstags von 10–24 Uhr geöffnetes Medienkaufhaus mit Büchern, Musik, Filmen, Hörbüchern und Noten
Friedrichstraße 90, 10117 Mitte, U-/S-Bhf. Friedrichstraße
www.kulturkaufhaus.de

Kochlust
Kulinarische Buchhandlung und Kochschule
Alte Schönhauser Straße 36/37, 10119 Mitte, U-Bhf. Weinmeisterstraße, www.kochlust-berlin.de

Lesen und lesen lassen
Neben Belletristik und Kinderbuch ausgesuchtes Programm Berliner KünstlerInnen, Kleinverlage und Labels
Wühlischstraße 30, 10245 Friedrichshain, U-Bhf. Samariterstraße
www.lesen-und-lesen-lassen.de

Marga Schoeller Bücherstube
Alteingesessene literarische Buchhandlung mit großer englischsprachiger Abteilung
Knesebeckstraße 33, 10623 Charlottenburg, U-Bhf. Uhlandstraße
www.margaschoeller.de

MISS MARPLE
Krimibuchhandlung mit Kaffeetisch und regelmäßigen Lesungen
Weimarer Straße 17, 10625 Charlottenburg, U-Bhf. Wilmersdorfer Straße, www.krimi-marple.de

Prinz Eisenherz Buchladen
Ausgewählte Literatur für Lesben und Schwule
Lietzenburger Staße 9a Ecke Welserstraße, 10789 Wilmersdorf, U-Bhf. Wittenbergplatz, www.prinz-eisenherz.com

Pro qm
Stadt, Politik, Pop, Architektur, Design, Kunst & Theorie
Almstadtstraße 48-50, 10119 Mitte, U-Bhf. Rosa-Luxemburg-Platz
www.pro-qm.de

Sextoys

La Luna
Frauenerotikladen
Dunckerstraße 90, 10437 Prenzlauer Berg, U-Bhf. Eberswalder Straße,
www.laluna-toys.de

Playstixx
Silikondildos und -vibratoren aus eigener Herstellung mit dem Prädikat »Ökotest sehr gut«
Öffnungszeiten: mittwochs 14 – 18 Uhr für ladys only, freitags von 14–17 Uhr. Jeden zweiten und vierten Samstag von 12 – 15 Uhr
Waldemarstraße 24, 10997 Kreuzberg, U-Bhf. Görlitzer Bahnhof
www.playstixx.de

(S)Exclusivitäten von Laura Méritt
Termin zum Sextoy-Shopping: freitags von 12 – 20 Uhr und nach Vereinbarung.
Fürbringer Straße 2, 10961 Kreuzberg, U-Bhf. Gneisenaustraße
www.sexclusivitaeten.de

Mosaik-Fries am Haus des Lehrers, Alexanderplatz

Events für Frauen

Januar

Zweiter Sonntag:

Demonstration, Gedenkfeier und Straßenfest zu Ehren von Rosa Luxemburg und Karl Liebknecht.

Städtischer Zentralfriedhof Friedrichsfelde

Fashion Week Herbst/Wintersaison

Internationale Modemesse und Events

www.premiumexhibitions.com

Modemesse Bread & Butter

Airport Berlin-Tempelhof, Platz der Luftbrücke 5, 12101 Tempelhof, U-Bhf. Platz der Luftbrücke

www.breadandbutter.com

Februar

Berlinale

Internationale Filmfestspiele Berlin

www.berlinale.de

März

Internationaler Frauentag am 8. März

Am Internationalen Frauentag finden in Berlin viele Veranstaltungen statt. Aktuelle Informationen zum Frauentag gibt es auf:

www.aviva-berlin.de

Rosen für Clara

Anlässlich des Internationalen Frauentages legen Frauen aus Frauenprojekten gemeinsam mit Politikerinnen und Bürgerinnen zum Gedenken an die sozialistische Frauenrechtlerin (1857 – 1933) Rosen am Clara-Zetkin-Denkmal im gleichnamigen Park nieder.
Treffpunkt: 13 Uhr.
Clara-Zetkin-Park zwischen Flämingstraße, Niemegker Straße und Wittenberger Straße, 12619 Marzahn/Ahrensfelde, U-Bhf. Kaulsdorf Nord

Frauenmärz

Der Frauenmärz findet im Bezirk Tempelhof-Schöneberg statt. Seit mehr als 20 Jahren werden einen Monat lang Lesungen, Konzerte, Vorträge und Stadtführungen angeboten. Der Eintritt ist bei fast allen Veranstaltungen frei.
www.frauenmaerz.de

Frauenfrühling

Vorträge, Diskussionen und Lesungen in Charlottenburg-Wilmersdorf. Informationen zu den Veranstaltungen erhalten Sie bei der Frauenbeauftragten Charlottenburg-Wilmersdorf.
Telefon: 030 – 902 912 690

Frauenmesse »Frauenberufungen«

Während des Frauenfrühlings findet die Frauenmesse zum Thema Wirtschaft und Arbeit im Unternehmerinnen- und Gründerinnenzentrum UCW statt.
www.ucw-berlin.de

MösenMonat

Im März finden unter dem Titel MösenMonat März jede Menge Workshops, Vorträge und Ausstellungen statt.
www.sexclusivitaeten.de

April

Girls' Day

An jedem vierten Donnerstag im April ist Girls' Day, der Mädchen-Zukunftstag. Schülerinnen erhalten Einblick in Berufsfelder, die sie bei der Berufsorientierung selten in Betracht ziehen.

Vor allem techniknahe Berufsfelder werden an diesem Tag in spannender und kreativer Form präsentiert.
www.girls-day.de

Verzaubert
Jährlich im Frühjahr gastiert das internationale queere Filmfestival Verzaubert in Berlin.
www.verzaubertfilmfest.com

Mai
Avon-Frauenlauf
www.berliner-frauenlauf.de

Berlinerinnen auf dem CSD in den 80er-Jahren

Juni
Christopher-Street-Day
Fest-, Gedenk- und Demonstrationstag der Lesben, Schwulen, Bisexuellen und Transgender. Gefeiert und demonstriert wird für Anerkennung, Gleichberechtigung sowie gegen Diskriminierung und Ausgrenzung. Der CSD findet am letzten Samstag im Juni statt.
www.csd-berlin.de

Pride Week
Die Pride Week mit ihrem abwechslungsreichen Kulturprogramm findet zehn Tage rund um den CSD statt und beginnt am Wochenende vor dem CSD mit dem lesbisch-schwulen Stadtfest am Nollendorfplatz. TouristInnen erhalten mit der CityTourCard der BVG etwa 20 Prozent Rabatt auf alle Eintrittskarten der Kulturveranstaltungen. Das Ticket ist gleichzeitig Fahrschein für die öffentlichen Verkehrsmittel.
www.csd-berlin.de

Juli

Fashion Week Frühling/Sommersaison

Internationale Modemesse und Events
www.premiumexhibitions.com

Modemesse Bread & Butter

Airport Berlin-Tempelhof, Platz der Luftbrücke 5, 12101 Tempelhof, U-Bhf. Platz der Luftbrücke, www.breadandbutter.com

August

Lesbischwules Parkfest

Bühnenprogramm, Essen, Trinken und Informationen über lesbische und schwule Initiativen im Freilichtkino Volkspark Friedrichshain
www.parkfest-friedrichshain.de

Streetart: Plakat zum Ladyfest

Ladyfest Berlin

Das Ladyfest versteht sich in der Tradition der Riot-Grrrl-Bewegung. Das Anliegen ist, die männliche Dominanz in Musik und Kultur zu brechen, indem ein öffentlicher Raum für queere, transgender und feministische Kultur geschaffen wird. Innerhalb der vergangenen Jahre haben auf allen Kontinenten der Welt zusammen mehr als 80 Festivals stattgefunden, die sich zum Ladyfest-Netzwerk zählen.
www.ladyfest.net

Tour de femmes

Frauenfahrradtour im Berliner Umland

Seit 2004 findet einmal jährlich an einem Sonntag im August die Frauenfahrradtour statt. Die Touren haben eine Länge von maximal 40 Kilometern. Im Vordergrund steht der kommunikative Aspekt und nicht die sportliche Hochleistung.

www.movinqueer.de

Tour de femmes: Unterwegs im Oder-Spree-Gebiet

September

Rudower Frauenlauf

Die Strecken über fünf und zehn Kilometer führen die Läuferinnen und Walkerinnen durch das Rudower Fließ, in einem Rundkurs um die Gartenstadt Rudow-Süd, dem sogenannten Frauenviertel. Am 1. November 1996 wurden alle 20 Straßen und Plätze in diesem Neubauviertel nach Frauen benannt.

U-Bhf. Rudow, www.frauenlauftreffrudow.de

Oktober

Lesbenfilmfestival Berlin

Das Lesbenfilmfestival macht zurzeit Pause. Bitte informieren Sie sich auf der Homepage.

www.lesbenfilmfestival.de

November

Wie es ihr gefällt

Internationales Musikerinnenfestival. Seit mehr als 15 Jahren findet das Festival ungewöhnlicher Musik alle zwei Jahre statt.

www.wieesihrgefaellt.de

Dezember

Victress day

Der VICTRESS DAY ist eine Veranstaltung der VICTRESS Initiative e.V., die das Ziel hat, den Frauenanteil in Führungspositionen zu erhöhen. Tagsüber Vorträge, abends Gala.

www.victressday.de

Berliner Unternehmerinnentag

Eine ganztägige Informations-, Weiterbildungs- und Netzwerkveranstaltung für Unternehmerinnen aus Berlin, die alle zwei Jahre stattfindet.

www.berliner-unternehmerinnentag.de

Medien für Berlin

aviva-berlin.de
Online-Magazin für Frauen mit vielen berlinspezifischen Themen und Terminen.
www.aviva-berlin.de

Balsam 50+
Berliner Magazin für ältere Schwule und Lesben mit Angeboten zur Freizeitgestaltung.

Blattgold
Alle Berliner Frauentermine auf einen Blick. Die monatlich erscheinende, kleinformatige Zeitschrift kann beispielsweise in einigen Bio-Läden gekauft werden.
www.blattgold-berlin.de

Out in Berlin
Der lesbisch-schwule Stadtplan mit Berlininfos für TouristInnen liegt an vielen Szenepunkten aus oder kann im Netz angeschaut werden.
www.out-in-berlin.de

Siegessäule
Alle Termine für die lesbisch-schwule Szene. Das Monatsmagazin liegt kostenlos in Cafés und Kneipen aus.
www.siegessaeule.de

Stadtmagazine Tip und Zitty

In den Stadtmagazinen, die abwechselnd alle zwei Wochen erscheinen, stehen alle Informationen und Termine, die wichtig für einen Aufenthalt sind. Die Stadtzeitungen sind an allen Kiosken erhältlich.

www.berlinonline.de, www.zitty.de

Magazine aus aller Welt im »do you read me?!« in der Auguststraße 28

Frauenadressen

E.W.A. e.V.

In der HexLibris Frauenbibliothek können Romane, Krimis, Biografien, Sachbücher und Mädchenliteratur bis zu vier Wochen kostenlos ausgeliehen werden.

E.W.A.-Frauenzentrum mit HexLibris Frauenbibliothek, Öffnungszeiten: dienstags von 11–15 Uhr und donnerstags von 15–19 Uhr, Prenzlauer Allee 6, 10405 Prenzlauer Berg, U-Bhf. Senefelder Platz, www.ewa-frauenzentrum.de

Feministisches Frauengesundheitszentrum FFGZ

Bamberger Straße 51, 10777 Schöneberg, U-Bhf. Spichernstraße
www.ffgz.de

Frieda e.V.

Proskauer Straße 7, 10247 Friedrichshain, U-Bhf. Frankfurter Tor
www.frieda-frauenzentrum.de

LARA
Krisen- und Beratungszentrum für vergewaltigte Frauen

Tempelhofer Ufer 14, 10963 Kreuzberg, U-Bhf. Möckernbrücke
www.lara-berlin.de

Lila Offensive e.V.
Mulackstraße 31/32, 10119 Mitte, U-Bhf. Weinmeisterstraße
www.frauenkreise-berlin.de

Matilde e.V.
Stollberger Straße 55 i, 12627 Marzahn, U-Bhf. Cottbusser Platz
www.frauenzentrum-matilde.de

Paula Panke e.V.
Schulstraße 6, 13187 Pankow, U-Bhf. Pankow, www.paula-panke.de

RuT – Rad und Tat
Schillerpromenade 1, 12049 Berlin, U-Bhf. Boddinstraße
www.rut.gmxhome.de

Schokoladenfabrik e.V.
Naunynstraße 72, 10997 Kreuzberg, U-Bhf. Görlitzer Park
www.schokofabrik.de

Spinnboden
Archiv zur lesbischen Geschichte
Der eingetragene Verein »Spinnboden, Lesbenarchiv und Bibliothek« entstand 1973 und wird seit 1983 vom Senat für Frauen und Arbeit gemeinnützig gefördert. Das Archiv beherbergt die größte Sammlung von Zeugnissen und Spuren lesbischer Existenz im deutschsprachigen Raum und bietet Recherchemöglichkeiten für Schreibende und Reisende.
Anklamer Straße 38, 10115 Mitte, U-Bhf. Bernauer Straße
www.spinnboden.de

S.U.S.I.
Interkulturelles Frauenzentrum
Linienstraße 138, 10115 Mitte, U-Bhf. Oranienburger Tor
www.susi-frauen-zentrum.com

Xochicuicati e.V.
Lateinamerikanischer Frauenverein
Winsstraße 58, 10405 Prenzlauer Berg, U-Bhf. Senefelder Platz
www.xochichicati.de

Personenregister

Ortsregister

Fotocredits:

S. 10; 17; 20; 22; 29; 29; 38; 41; 50; 52; 54; 55; 56; 58; 60; 63; 72; 73; 80; 81; 87; 89; 97; 100; 102; 127; 128; 130; 147; 154; 156; 158; 161; 166; 173; 176; 179; 191; 195; 207; 216; 222; 227, 230; 245: Dagmar Trüpschuch
S. 14: Rosa-Luxemburg-Stiftung
S. 18: Bezirksamt Charlottenburg-Wilmersdorf
S. 24, 27: Jüdisches Museum Berlin, Schenkung von Elisabeth Wust
S. 30, 33, 34: Haus Deutsche Kinemathek/Sammlung Köster
S. 42, 105: Haus Deutsche Kinemathek – Museum für Film und Fernsehen
S. 44: Jim Rakete
S. 49, 67, 240: Mariella lo Manto
S. 64: Friedrichstadtpalast/Davids
S. 68: Hotel Sachsenhof
S. 71: Hotel-Pension Funk
S. 75, 76, 82, 84, 85, 96, 131, 133, 134, 141, 144, 149, 150, 169, 214, 224, 244: Corinna Liebreich
S. 77: Monika Rittershaus
S. 78: Förderverein der Jeanne-Mammen-Stiftung e.V./Klebig
S. 92: Svenja Hehner
S. 94: Martina Minette Dreier
S. 99: Staatliche Museen zu Berlin/Jens Ziehe
S. 104, 106, 109, 209: Staatliche Museen zu Berlin/F. Friedrich
S. 107: Georg Kolbe Museum
S. 110, 113, 121: janinebeangallery
S. 116, 119: Danielle de Picciotto
S. 123: Prime Time Theater
S. 124: Wandtner/PIXELIO
S. 136: Fraunhofer Institut
S. 138, 140, 142, 212, 243: Dragana Cukavac
S. 162: HKW/Sabine Wenzel
S. 164: Internationale Filmfestspiele Berlin
S.167: Teddy e.V.
S. 174: Stefan Falke, mmm film GmbH
S. 180, 184: Internationales Frauenmusikfestival
S. 183: Les Belles du Swing/Silke Krüger
S. 186: Popette Betancor
S. 188: Sievert/PIXELIO
S. 192: Sebastian Bolesch

S. 196, 199: Joachim Gern
S. 202: KaDeWe
S. 204: Claudia Skoda
S. 221: Schlosshotel Grunewald
S. 228: Sultan Hamam
S. 234: Sophie Hipp
S. 248: Christoph Musiol

Literaturverzeichnis:

Balkow-Gölitzer, Harry / Reitmeier, Rüdiger/ Biedermann, Bettina: Prominente in Berlin-Grunewald. berlin edition, Berlin, 2006
Bennewitz, Joachim: Königin Luise in Berlin. Edition Luisenstadt, Berlinische Monatsschrift, Heft 7/2000
Bezirksamt Friedrichshain-Kreuzberg (Hrsg.): Straßenbenennungen auf dem Gelände des Anschutz-Areals. Berlin, 2006
Bezirksamt Schöneberg (Hrsg.): Ich bin meine eigene Frauenbewegung. Berlin, 1991
Bienert, Michael / Buchholz, Elke Linda: Die 20er Jahre in Berlin. Berlin-Story-Verlag, Berlin, 2006
Bührmann, Traude: Lesbisches Berlin. Orlanda Frauenverlag, Berlin, 1999
Carstens, Cornelia / Luikenga, Margret: Immer den Frauen nach. Berliner Geschichtswerkstatt, Berlin, 1993
Dischereit, Esther: »Aimée und Jaguar«. In: Esther Dischereit: Mit Eichmann an der Börse. In jüdischen und anderen Angelegenheiten. Ullstein Berlin Verlag, Berlin, 2001, S. 62–72.
Dobler, Jens: Von anderen Ufern. Bruno Gmünder Verlag, Berlin, 2003
Eisner, Lotte H.: Ich hatte einst ein schönes Vaterland. Wunderhorn, Heidelberg, 1984
Fischer, Erica: Aimée und Jaguar. Kiepenheuer & Witsch, Köln, 1994
Fischer, Erica: Das kurze Leben der Jüdin Felice Schragenheim. DTV, München, 2002
Fraueninfothek (Hrsg.): Stadt der Frauen. Berlin, 1992
Frauenviertel Rudow, Neuköllner Stachel, Nr. 159, 2006
Haarke, Birgit: Expedition Designpole Berlin. Graco Verlag, Berlin, 2006
Haustedt, Birgit: Die wilden Jahre in Berlin. edition ebersbach, Berlin, 1999
Kotzur, Marlene: Steglitz – Frauen setzen Zeichen. Wort & Bild Specials, Berlin, 1990
Lorenz, Detlef: Künstlerspuren in Berlin vom Barock bis heute. Reimer-Verlag, Berlin, 2002
Lünenborg, Margret: Frauenstadtbuch Berlin. elefantenpress, Berlin, 1993
Marcy, Claudia (Hrsg.): Raum für die Kunst. Künstlerateliers in Charlottenburg. Edition A·B·Fischer und Georg Kolbe Museum, Berlin, 2005
Oberhauser, Fred / Henneberg, Nicole: Literarischer Führer Berlin. Insel Verlag, Frankfurt, 1998
Schubert, Michaela / Bernschein, Wolfgang: Berlin – Reisen – ein Film. Wolbern Verlagsgesellschaft, Berlin/Potsdam-Babelsberg, 2007
Sperber, Katharina: Eine andere Version: Schmerzhafte Erinnerungen einer Überlebenden. Frankfurter Rundschau, 7.1.2003
Steingart, Andrea: Schauplätze Berliner Geschichte. Nicolai, Berlin, 2004s
Stolle, Ralph / Seydel Renate: Romy Schneider – Bilder ihres Lebens. Schirmer/Mosel, München, 1987
Wetzig-Zalkind, Birgit: Marlene Dietrich in Berlin. Edition Gauglitz, Berlin, 2005
Wydra, Thilo: Rosenstraße. Nicolaische Verlagsbuchhandlung, Berlin, 2003

DVDs:

Kreuzbergmuseum (Hrsg.): Ein jeder nach seiner Facon? 300 Jahre Zuwanderung nach Kreuzberg. Berlin, 2005
Mawa Film & Medien: Hildegard Knef – A woman and a half. München, 2003

Internet:

www.archive.org/index.php
www.berlin.de
www.berlinonline.de
www.bildhauerei-in-berlin.de
www.btm.de
www.cjudaicum.de
www.diegeschichteberlins.de
www.exlibris-deg.de
www.fannyhensel.de
www.fembio.org/biographie.php
www.graefe-kiez.de
www.hagalil.com
www.hedwigdohm.de
www.hidden-places.de
www.hildegardknef.de
www.literaturkritik.de
www.literaturport.de
www.luise-berlin.de
www.munzinger.de/search/templates/magazin.jsp
www.ostfunk-berlin.de
www.smb.spk-berlin.de/smb/home/index.php
www.silly.de.vu
www.stadtentwicklung.berlin.de
www.tagesspiegel.de
www.taz.de

Sonstige Quellen:

Pressestellen FU, HU und TU, Statistisches Bundesamt, Berlin
Jüdisches Museum, Käthe-Kollwitz-Museum, Deutsches Historisches Museum, Haus Deutsche Kinemathek-Museum für Film und Fernsehen, Förderverein der Jeanne Mammen Stiftung, Archiv Zentrum für Berlinstudien, Spinnboden – Lesbenarchiv, Hotel Sachsenhof, Rosa-Luxemburg-Stiftung, Historische Kommission zu Berlin e.V., Kreuzbergmuseum, SPD-Archiv

Dank:

Ich bedanke mich für Rat, Tat und Unterstützung bei:
Claudia Schoppmann, Compania – Frauenkulturservice, Corinna Liebreich, Annemarie und Herbert Trüpschuch, Gabriele Kämper – Senatsverwaltung für Frauen in Berlin, Maike Scheel, Mariella lo Manto, Nauka Kirschner, Saskia Friedrich, Ulrike Mattern, Ulrike Ruppel, Ursula Sillge, Uwe Hassbecker

Für die Freigabe von Fotos danke ich besonders dem Haus Deutsche Kinemathek–Museum für Film und Fernsehen, dem Förderverein der Jeanne Mammen Stiftung und Uwe Hassbecker (Silly). Vielen Dank auch an Monika Rittershaus für das Foto vom Berliner Ensemble, Dragana Cukavac für die historischen CSD-Fotos und allen, die mit der Bereitstellung ihrer Fotos das Buch zu dem gemacht haben, was es ist: ein gut bebildertes Reisebuch.

Zur Autorin:

Dagmar Trüpschuch wurde in Emmerich am Rhein geboren. Ende der 1970er-Jahre kam sie nach Berlin. Hier zog sie in ein von Frauen besetztes Haus in Kreuzberg, in dem sie heute noch lebt und arbeitet. 1996 gründete sie den Reiseservice »movin' queer berlin«, mit dem sie Individual- und Gruppenreisenden bei der Entdeckung der Stadt hilft. Zudem arbeitet sie als freie Autorin und Redakteurin für verschiedene Zeitungen und veröffentlichte Beiträge in Reisebüchern.

Veröffentlicht im AvivA Verlag, Berlin

Gestaltung:
doppelpunkt kommunikationsdesign GmbH
Nauka Kirschner, Saskia Friedrich
www.doppelpunkt.com
Schrift: InfoText und DotMatrix
Coverabbildungen: ©iStockphoto.com
Druck: Finidr, s.r.o.
www.finidr.cz

ISBN: 978-3-932338-37-3